夢酔独言

勝　小吉
勝部真長 編

JN179442

講談社学術文庫

凡　例

一、本書は勝左衛門太郎夢酔の『夢酔独言』を収めたものである。

二、『夢酔独言』は、西宮市の戸川浜男氏所蔵の著者自筆の原本に基づいて校訂した。文章は原文の形をなるべく保存するよう心がけたが、しかし原文は訛語の使用、仮名遣い、当て字などの用字法において可成恣意的なので、そのままではきわめて読みにくい。そこで読みやすくするため次のような方法で原文に手をつけた。

(イ) 段落を細かくつけ、検索に便ならしめるため適宜段落に番号を付し、内容把握に便利なように、見出しも設けた。

(ロ) 原文には句読点が付いていないので、新たに施し、また濁点は一部分しか付いていないので、濁点・半濁点を付けた。

(ハ) 会話の部分には「　」を、並列的な表記には・を付けた。また〳〵は々になおし、二三人は二、三人とした。

(ニ) 明らかに誤り、脱漏と思われる箇所及び補足を必要とする箇所は〔　〕を用いて補正した。（　）内は編者の注である。

(ホ) 当て字、訛字は、行間に標準的表記で記した。また難読文字には振りがなを付けた。

(ヘ) 一部分かなを漢字に改めた。例　ふいてふ　→吹聴。

(ト) 一部分漢字をかなに改めた。例　と理て　↓とりて。
(チ) 一部分送りがなを送った。例　道を守心だ　↓道を守る心だ。
(リ) 誤記と思われる場合は行間にママと記した。
三、解説、夢酔年譜、系譜は編者の作ったものである。

文庫化にあたり、以下の追補を行った。漢字表記は新字に改めた。濁点、句読点、標準的表記、ふりがなを追加した箇所がある。ひらがなを漢字にしたほうが意味がとりやすいと思われる箇所等は行間に〔　〕を用いて追記した。

「しまへには（終いには）」「しなへ」「〜しなさへ」の類の表記は、現代かなづかいでは「しめえには」「しねえ」「しなせえ」に近い江戸の口語体の発音を表したものと考えられる。原本で編者が「しまへ(い)には」とした箇所があるのに倣ってふりがなの「い」を付したが、これは右の用例であることを示すものである。

訓点を用いた「不レ残」の類の表記には「不レ残(のこらず)」のように訓点を施した部分全体にふりがなを付した。

巻末の年譜等も補訂を行った。

まえがき

坂口安吾の『青春論』に次のような一節がある。

僕は先日勝海舟の伝記を読んだ。ところが海舟の親父の勝夢酔という先生が、奇々怪々な先生で、不良少年、不良青年、不良老年と生涯不良で一貫した御家人くずれの武芸者であった。尤（もっと）も夢酔は武芸者などと尤もらしいことを言わず剣術使いと自称しているが、老年に及んで自分の一生をふりかえり、あんまり下らない生涯だから子々孫々のいましめの為に自分の自叙伝を書く気になって「夢酔独言」という珍重すべき一書を遺した。

僕は「勝海舟伝」の中へ引用されている「夢酔独言」を読んだだけで、原本を見たことはないのである。なんとかして見たいと思って、友達の幕末に通じた人には全部手紙で照会したが一人として「夢酔独言」を読んだという人がいなかった。だが「勝海舟伝」に引用されている一部分を読んだだけでも、之はまことに驚くべき文献のひとつである。

この自叙伝の行間に不思議な妖気を放ちながら休みなく流れているものが一つあり、それは実に「いつでも死ねる」という確乎不抜、大胆不敵な魂なのだった……ただ淡々と自分の一生の無頼三昧の生活を書き綴ったものだ。子供の海舟にも悪党の血、いや、いつでも死ねる、というようなものがかなり伝わって流れてはいる。だが、親父の悠々たる不良ぶりというものは、なにか芸術的な安定感をそなえた奇怪な見事さを構成しているものである……

安吾の捜した『夢酔独言』は、改造社版の『海舟全集』（昭和三年刊）の第九巻に収録されてあったのだが、安吾も彼の友人たちもその事を知らなかったとみえる。しかし『夢酔独言』の原本は、海舟の次女疋田（ひきた）孝子（たかこ）さんの所蔵であったのを、昭和十四年七月、戸川浜男さんに譲られたのである。戸川さんは、幕臣戸川播磨の子孫である。戸川さんのご好意で、私はこの原本をしばらく拝借することができた。

坂口安吾によれば、

夢酔の覚悟に比べれば、宮本武蔵は平凡であり、ボンクラだ。武蔵六十歳の筆になるという「五輪書」と「夢酔独言」の気品の高低を見れば分る。「五輪書」には道学者的な高さがあり、「夢酔独言」には戯作者的な低さがあるが、文章に具わる個性の精神的深さというものは比すべくもない。「夢酔独言」には最上の芸術家の筆を以てようやく達しうる精神の高さ個性の深さがあるのである。（『堕落論』角川文庫本六一頁）

この夢酔と倅の海舟との「父と子」の関係は、子母沢寛の小説『おとこ鷹』『父子鷹』に克明に活写されているが、そのタネ本はこの『夢酔独言』であることはいうまでもない。

子母沢寛の小説もむろん面白いが、『夢酔独言』の原本の文体の魅力はまた格別である。最初、読みにくいのを少し我慢して読み進めば、たちまちその魅力のトリコになってしまうであろう。

大佛次郎氏も朝日新聞連載の「天皇の世紀」（一三一回、昭和四十二年六月三日付）の中で次のように書いている。

後の勝海舟は、幕府の階級体制では比較的低い階層から出た。維新をリードして働いた列藩の功労者が足軽やそれに近い下級武士から出たのが大部分だったのに通じる特徴のある事実である。家柄のある屋敷に育った人々は、けわしい時代の局面を乗切る機能と精力を欠いた。仕事は彼等よりも冒険の出来る勇気ある人々に委ねられた。勝麟太郎の父親が頽廃して無用となった江戸の下級武士の典型だったことも事実である。四十二歳になった天保十四年におのれの放埒な一代のことを「夢酔独言」と題して、書いて残した。この時代の武士にはなかなかないことで実に率直に、無邪気な程度に隠すことのない自伝である。……(中略)……。

暴君である。男の子の麟太郎だけは無類に大切にしたが、病気の子の枕元の畳に白刃を立てて叱りつけて、元気を出させようとした。懸想した女が出来て、それを自分の妻女に貰いにやる無法な無邪気さに、これが通じるのである。剣道ができて強いので、貧乏小普請でも無頼の徒に立てられて町内で睨みをきかせていた。……(中略)……。

孫やひこが出来たら、よくよくこの書物を見せて、身のいましめにするがよい。おれが真似はしないがいい、と言うのだから勝手である。

たしかに夢酔は勝手である。しかし人間は、とくに男性は、大なり小なり勝手なものだ。ただ同じ勝手でも、「いつでも死ねる覚悟」のある人間は、そう沢山はいないし、そういう人間の勝手さには、一脈のすがすがしさが流れているものである。『夢酔独言』は、そういうすがすがしさに貫ぬかれている本であるとおもう。

昭和四十四年初春　　編者　しるす

目次

夢酔独言

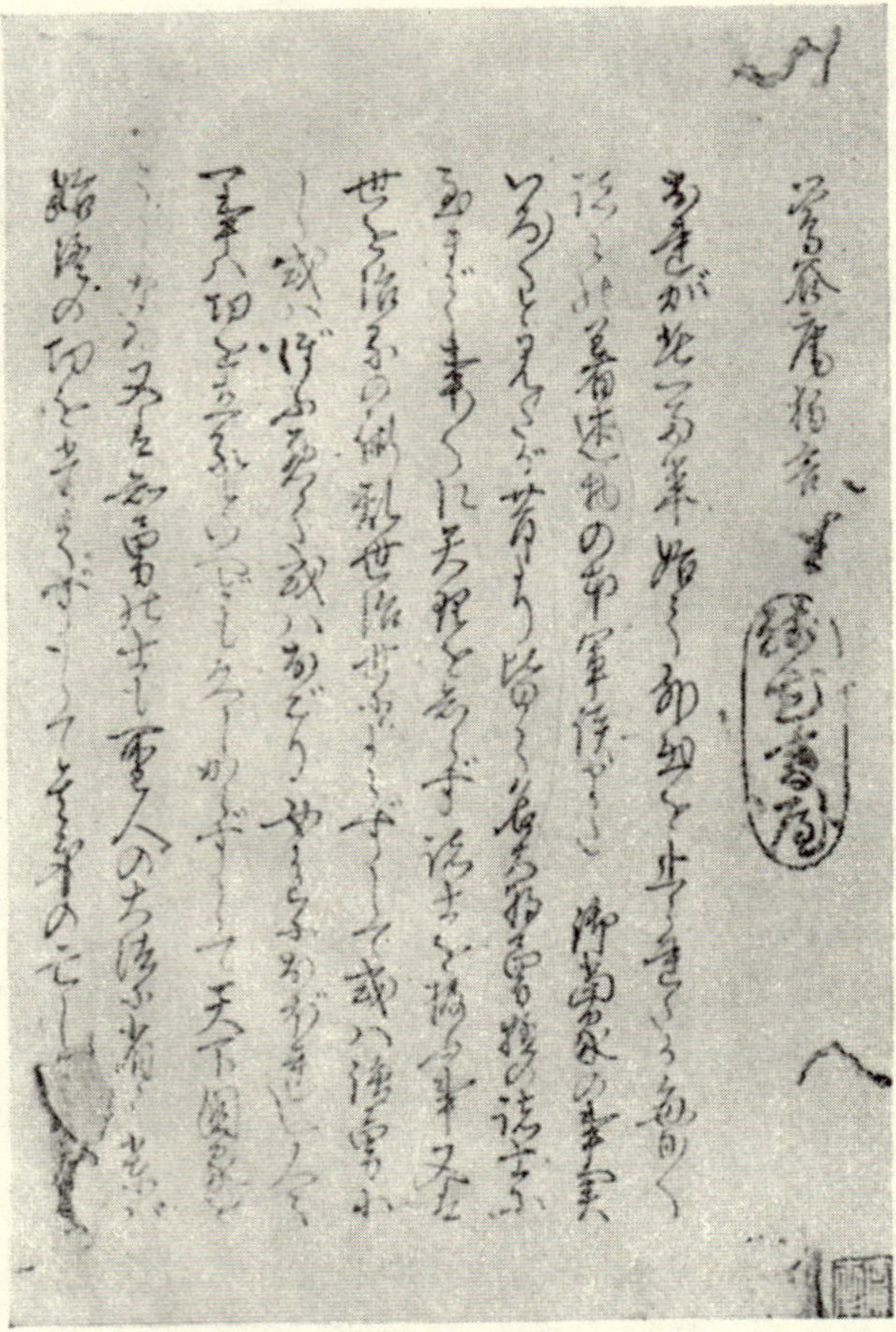

勝小吉自筆本の巻頭部分

鶯谷庵独言（おうこくあんどくげん）

おれがこの一両年、始めて外出を止められたが、毎日〳〵諸々の著述・物の本・軍談、また御当家の事実、いろいろと見たが、昔より皆々名大将、勇猛の諸士に至るまで、事〴〵に天理を知らず、諸士を扱ふ事、又は世を治むるの術、乱世・治世によらずして、或は強勇（ごうゆう）にし、或は法悪しく、或は奢り、女色におぼれし人々、一事は功を立つるといへども久しからずして天下国家をうしなゐ、又は知勇の士も、聖人の大法にそむく輩は、始終の功を立てずして、その身の亡びしためしをあげてかぞへがたし。

和漢とも皆々天理にてらして、君臣の礼もなく、父兄の愛もなくして、どんよく［貪欲］きよふし［驕奢］や故に、全き身命を亡ぼし、家国をもうしのふ事、みな〳〵天の罪を受くる故と、はじめてさとり、おれが身を是（これ）までつゝがなくたもちしはふしぎだとおもふと、いよ〳〵天の照覧をおそれかしこみて、なか〳〵ひとの中へも顔出しがはづかしくて、できずとおもふは。

さりながら昔年、募悪の中よりして、多くの人を金銀をもおしまず世話をしてやり、又人々の大事の場合も助けてやつたから、それ故にすこしは天の恵(めぐみ)があつた故、此よふに先(まず)あんのんにしているだろふとおもふ。

息子がしつまい（実米？）故に、益友をともとして、悪友につき合ず、武芸に遊んでいて、おれには孝心にしてくれて、よく兄弟をも憐(あわれみ)、けんそにして物を遣ず、麁(そ)服(ふく)をも恥じず、粗食し、おれがこまらぬよふにしてくれ、娘が家内中の世話をしてくれて、なにもおれ夫婦が少しも苦労のなゐよふにするから、今は誠の楽いん居になつた。

おれのよふの子供ができたらば、なかなか此楽(このらく)は出来まいとおもふ。是もふしぎだ。神仏には捨てられぬ身とおもふ。孫や其子はよく〳〵義邦(よしくに)（海舟）の通りにして、子々孫々のさかへるよふにこゝろがけるがいゝぜ。

年八、九歳からは、外の事をすてゝ、学文(問)して、武術に昼夜身を送り、諸々の著述本を見るべし。へたの学問よりははるか増しだから。女子は十歳にもなつたらば、髪(かみ)月代(さかやき)を仕習つて、おのれが髪もひと手にかゝらぬよふして、縫はりし、十三歳くらいよりは、我が身をひとの厄介にならぬよふもて、手習ひなどもして、人並に書くことをすべし。外へ嫁しても、事をかゝず一家を納むべし。おれが娘は十四歳のときから、手前の身の事は人の厄介になつたことはなゐ。家内じうのものが返(かえつ)て世話になる。

男子は五体をつよくして、そじきをして、武芸骨をおり、一芸は諸人にぬきん出、ていをたくましくして、旦那の為には極忠(ごくちゅう)をつくし、親の為には孝道を専らにして、妻子にはじあいし、下人(げにん)には仁慈をかけて使ゐ、勤をば固くして、友達には信義をもつて交(まじわ)り、専らにけんやくしておごらず、そふくし［粗服］、益友には厚くしたゐて道を聞き、師匠をとるなら、業(わざ)はすこし次にても、道に明らかにして俊ぼくの仁をゑらみて入門すべし。

無益の友は交るべからず。多言をいふ事なかれ。目上の仁は尊敬すべし。万事内輪にして慎み、祖先をまつりてけがすべからず。勤は半時はやく出づべし。文武をもつて農事とおもふべし。少しも若きときはひまなきよふ道々を学ぶべし。ひま有(ある)時は外魔が入りて身をくずす中だち［媒］也。遊芸には寄る事なかれ。年寄は心して少しはすべし。過(すぎ)ればおのれのよふになる。庭へは諸木を植ゑず、畑をこしらい、農事をもすべし。百姓の情を知る。世間の人情に通達して、心におさめて外へ出さず守るべし。人に芸の教授せば、弟子を愛して誠を尽し、気に叶はぬものには猶〱丹誠を尽すべし。ゑこ［依怙］の心を出す事なかれ。万事に厚く心を用ひする時は、天理にかなゐて、おのれが子孫に幸（さいわい）あらん。何事も勤めとさとらば、うき事はなかるまじ。

第一に利欲はたつべし。夢にも見る事なかれ。おれは多欲だから今の姿になつた。是が手本だ。高（たか）相応に物をたくわいて、もし友達か親類に不慮の事があつたならば、おしまずほどこしやるべし。縁者はおのれより上のひとゝ縁組べからず。成丈（なるたけ）にひん窮より相談すべし。おのれに勝るとおごりがつく。家来はびんぼう人の子をつかうべし。年季たちたらば分げんの格にして片付てやるべし。女色にはふけるべからず。女には気を付くべし。油断すると家を破る。世間に義理をばかくべからず。友達をば陰にて取なすべし。常住坐臥とも柔和にして、家事をおさめ、主人の威光をおとすことなし。聖賢の道に志して、万（よろず）慎みて守るときは、一生安穏にして、身をあやまつことはなかるまじ。

おれはこれからはこの道を守る心だ。なんにしろ学問を専要にして、能（よく）〳〵上代のおしへにかのふよふにするがいゝ。随分、して出来ぬ事はなゐものだ。それになれるとしまへ（い）にはらくに出来る物だ。けつして理外の道へいることなかれ。身を立て、名をあげて、家をおこす事がかんじんだ。たとへばおれを見ろよ。理外にはしりて、人外のことばかりしたから、祖先より代々勤めつゞゐた家だが、おれがひとり勤めなゐから、家にきづを付（つけ）た。是がなによりの手本だは。今となり、醒めていくらも後悔をしたからとて、しかたがなゐ。世間の者には悪輩のよふにいわれて、持つていた金や道具は貸し取りにあいて、夫をとりにやれば、隠居が悪法でこしらいた道具だからなに返すに及ばずといふし、金も又その心持で先がいるから、ろくに挨拶もせずによこさぬは。悟れば向ふが尤とおもふ〔が〕よい。かよふの事が出ても、人をばうらむものではない。みんなこつちのわるいとおもふ心がかんじんだ。怨敵には恩をもつてこたへば、間違はない。おれは此度も頭よりおしこめられてから、取扱のもの共をうらんだが、よく〳〵考へて見たらば、みんなおれが身より火事を出したと気がつゐたから、まいばん〳〵罪ほろぼしには法華経をよんで、陰ながらおれにつらく当つたと、おれが心得違した仁〳〵は、立身するよふに祈つてやるから、そのせいかこのごろはおれの体も丈夫になつて、家内のうちになにもさいなんもなく、親子兄弟とも一言のいさかひもなく、毎日毎日笑つてくらすは、誠に奇妙のものだとおもふから、折々書付た、子々孫々とも、こふしたらばよかろふと気がつゐた故に、ひまにあかして、善悪のむくゐをよく〳〵味おふべし。

恐多くも東照宮の御幼少の御事、数年の御難戦故に、かくの如くに泰平つゞき、万事きかつにうれゐわすれ、妻子をあん楽にすごし、且は先祖の勤苦おもいやるべし。夫より子孫はふところ手をして、先祖の貰つた高を取うけて、昔を忘れて、美服をき、美味をくらいうし、ろくの御奉公をも勤めざるは、不忠不義不孝ならずや。こゝを能（よく）おもつて見ろ。今のつとめは畳の上の仕事だから、少しもきづかひがないは。万一すべつてころぶくらいの事だ。せめては朝は早く起きて其身の勤にかゝり、夜は心を安くして寝て、淡白のものを食し、おごりをはぶいて諸道に心をつくし、不断の着類は破れざれば是（よし）として、勤の服はあかのつかざれば是とし、家居は雨もらざればよしとし、畳きれざれば是として、専らに倹素にして、よく家事をおさめ、勤めつき合には身分に応じて事をすべし。なんぼけんやくをすればとて、吝嗇（りんしょく）はすべからず。倹、吝の二字を味おふてすべし。数巻の書物をよんでも、心得が違ふと、野郎の本箱字引になるから、こゝを間違はぬよふにすべし。武芸もそふだ。ぶこつの業を学（まなぶ）と、支体かたまりて、野郎の刀掛になる故、其の心すべし。

人間になるにも其通りだ。どんよく迷ふと、うはべは人間で、心は犬猫もどふよふになる。真人間になるよふに心懸るが専一だ。文武諸芸共みな〳〵学ぶに心を用ひざれば、不レ残（のこらず）このかたわとなる。かたわとなるならば学ばぬがましだ。よく〳〵この心を間違はぬよふに守るが肝要だ。

子々孫々ともかたくおれがいふことを用ゆべし。先にもいふ通り、おれは今までも、なんにも文字のむづかしい事はよめぬから、こゝにかくにもかなのちがひも多くあるから、よくよく考へてよむべし。

天保十四寅[ママ]年の初冬、於鶯谷庵かきつゞりぬ

左衛門太郎入道　夢酔老

気心は勤身

気はながくこゝろはひろくいろうすく
つとめはかたく身をばもつべし

外に
まなべたゞゆふべになろふみちのべの
露のいのちのあすきゆるとも

出生

一　おれほどの馬鹿な者は世の中にもあんまり有るまいとおもふ。故に孫やひこのために、はなしてきかせるが、能(よく)〳〵不法もの、馬鹿者のいましめにするがいゝぜ。おれは妾の子で、はゝおやがおやぢの気にちがつて、おふくろの内で生れた。夫(それ)を本とふのおふくろが引とつて、うばでそだてゝくれたが、がきのじぶんよりわるさ斗(ばか)りして、おふくろもこまつたといふことだ、と。夫におやぢが日(につ)きんの勤め故に、内にはいなゐから、毎日〳〵わがまゝ斗りいふて、強情故みんながもてあつかつた、と用人の利平次と云ぢゝいがはなした。

二　その時は深川のあぶら堀といふ所にいたが、庭に汐入(しおいり)の池が有て、夏はまい日〳〵池にばかりへはゐつていた。八つ（午後二時）にはおやぢが御役所より帰るから、其前に池より上り、しらぬ顔で遊んでいたが、いつもおやぢが池のにごりているを、利平ぢゝにきかれるとあいさつに困つたそふだ。おふくろは中風と云ふ病ひで、たち居が自由にならぬ。あとはみんな女斗りだから、ばかにして、いたづらのしたいだけして、日をおくつた。兄きは別宅していたから、なにもしらなんだ。

五歳のとき

三 おれが五つの年、前町の仕ごと師の子の長吉といふやつと凧(たこ)喧嘩をしたが、向ふは年もおれより三つばかりおふきいゆへ、おれが凧をとつて破り、糸も取りおつた故、むなぐらをとつて、切り石で長吉のつらをぶつた故、くちべろをぶちこはして、血が大そう流れてなきおつた。そのときおれの親父が、庭の垣ねから見ておつて、侍を迎によこしたから、内へかへつたら、親父がおこつて、「人の子に疵をつけてすむか、すまぬか。おのれのよふなやつはすておかれず」とて、縁のはしらにおれをくゝして、庭下駄であたまをぶちやぶられた。いまにそのきづがはげて、くぼんでいるが、さかやきをする時は、いつにてもかみすりがひつかゝつて、血が出る。そのたび長吉の事をおもひ出す。

四 おふくろがほふぐ〴〵より来た菓子をしまつしておくと、ぬすみ出して食てしまう故、方々へかくしておくを、いつもぬすむ故、親父にはいわれず、こまつた。逸躰(いったい)は、おふくろがおれをつれて来た故、親父には、みんなおれがわるいたづらは、かくしてくれた。あとの家来は、おふくろをおそれて、親父におれがことは少しもいふことはならぬ故、あばれほふだい育つた。五月あやめをふきしが、一日に五度までとつて、しやうぶうちをした。利平おやぢが、「あんまりだ」といつて親父にいひつけたが、親父がゆふには、「子供は元気でなければ、医師にかゝる。病人になるは。いく度もふき直し、菖蒲を沢山買入れよ」といつた故、利平もしやうぶがなくなつてこまつた、とおれが十六、七歳のときはなした。このおやぢも久しくつとめて、兄の代には信濃国までも供して行おつたが、兄きがつかつた侍は、みんな中間（ちゆうげん）より取立て、信州五年づめの後、江戸にて不残（のこらず）御家人の株を買つてやられたが、利平はいん居して、かぶの金を貰て、身よりの処へかゝりて、かねを不残（のこらず）そのやつにとられて、また兄きの家へ来たが、朋輩がじやまにしてかわゐそふだから、おれが世話をして、ぼふづにし、千ケ寺にだしてやつたが、まもなくまたきたから、谷中の感応寺の堂ばんにいれておゐたが、ほどなくしにおつたよ。おれが三十ばかりのときだ。

七歳・養子・凧喧嘩

五　おれが七つのとき、今の家へ養子にきたが、そのとき十七歳といつて、けしぼうずの前髪をおとして、養家の方で小普請支配石川右近将監と組頭の小尾（おび）大七郎に、初て判元（はんもと）のときであつたが、そのときは小吉といつたが、頭が、「年は幾つ。名はなんといふ」とき〻おつた故、「小吉。年は当十七歳」といつたら、石川が大きな口をあゐて、「十七にはふけた」とてわらいおつた。その時は青木甚平といふ大御番、養父の兄きが取持をしたよ。

六 おれが名は亀松と云。養子にいつて小吉となつた。夫から養家には祖母がひとり、孫娘がひとり。両親は死んだのちで、不レ残深川へ引取り、親父が世話をしたが、おれはなんにもしらずに遊んでばかりいた。この年に凧にて前丁（まえちよう）と大喧嘩をして、先は二、三十人ばかり。おれはひとりでたゝき合、打合せしが、ついにかなはず、干（ほし）かば［鰯場］の石の上におゐ上げられて、長棹でしたゝかたゝかれて、ちらしかみ［髪］になつたが、なきながら脇差を抜て、きりちらし、所（しよ）せんかなはなくおもつたから、腹をきらんとおもひ、はだをぬいで石の上にすわつたら、其脇にいた白子（しろこ）やといふ米やがとめて、内へおくつてくれた。夫よりしては近所の子供が、みんなおれが手下になつたよ。おれが七つの時だ。

八歳のとき

七 深川のやしきもたび〳〵の津波故、本所へやしき替へをおやぢがして、普請のできるまで駿河台の太田姫稲荷の向ふ、若林の屋敷を当分かりていたがの。其やしきは広くつて、庭も大そふにて、隣に五、六百坪の原があつたが、ばけものやしきとみんながはなした。おれが八つばかりの時に、おやぢが内じゆうのものをよんで、そのはらに人の形ちをこしらいて、百ものがたりをしろといつた故、夜みんながその隣のやしきへひとりづゝいつて、かのばけものゝ形の袖へ名を書いた札をむすび付て来るのだが、みんながこわがつて、おかしかつた。一ばんしまへ(い)におれが行く番であつたが、四文銭をみがきて、人の形の顔へ目にはりつけるのだが、夫がおれが番にあたつて、夜の九つ半（一時）ぐらいだとおもつたが、其晩はまつくらでこまつたが、とふ〳〵目をつけて来たよ。みんなにほめられた。

八　おれが養家のばゝあどのは、若ゐときからいぢがわるくつて、両親もいぢめられて、夫故に若死をしさつたが、おれをまい日〳〵いぢめさつたが、おれもいまいましいから、出放題に、悪態をつゐたが、その時親父が聞付て、おこつておれにいふには、「年もゆかぬに、ばゝさまにむかつて、おのれのよふな過言をいふやつはない。始終が見届けない」とて脇差を抜て、おれに切付たが、清(きよ)といふ妻があやまつてくれたつけ。

九　翌年、よふ〳〵本所のふしんが出来て、引越したが、おれがいる処は表のほふだが、はじめてばゝどのと一所(緒)になつた。そふすると毎日やかましいことばかりいゝおつたが、おれもこまつたよ。不断の食ものも、おれにはまづいもの斗(ばか)りくわして、にくいばゝあだとおもつていた。

一〇　おれは毎日〳〵そとへ斗り出て遊んで、けんくわばかりしていたが、或時亀沢町の犬が、おれのかつておゐた犬と食い合つて、大げんくわになつた。そのときは、おれがほふは、隣の安西(あんざい)養次郎と云ふ十四斗のがかしらで、近所の黒部金太郎、同(おなじく)兼吉、篠木大次郎、青木七五三之助(しめのすけ)と高浜彦三郎におれが弟の鉄朔(てつさく)と云ふのと八人にて、おれの門のまへで、町の野郎たちとたゝき合をした。亀沢町は、緑町の子供を頼んで、四、五十人ばかりだが、竹やりをもつて来た。こちらは六尺棒・木刀・しなゐにてまくり合しが、とふ〳〵町のやつらをおゐかひした。二度目には、向ふにはおとながまじり、又〳〵たゝき合しが、おれが方がまけて、八人ながら隣の滝川の門の内へはいり、息をつきしが、町方には勝(かち)に乗て、門を丸太にてたたきおる故、また〳〵八人が一生けん命になつて、こんどはなまくら脇差を抜いて、門を開いて、不レ残切つて出たが、其いきおいにおそれ、大勢がにげおつた。こちらは勝に乗つて切立しが、おれが弟は七つ斗りだがつよかつた。いちばんにおつかけたが、前町の仕立やのがきに弁次といふやつが引返し来て、弟のむねを竹やりにてつきおつた。その時おれがかけ付て、弁次のみけんを切つたが、弁次めがしりもちをつき、どぶのなかへおちおつた故、つづけうちにつらを切つてやつた。前町より子供のおやぢがでゝくるやら、大さわぎさ。夫から八人が勝どきを揚て引返し、滝川の内へはゐり、互ひによろこんだ。そのさわぎを、おやぢが長屋の窓より見ていて、おこつて、おれは三十日斗り目通止られ、おしこめにあつた。弟は蔵の中へ五、六日おしこめられた。

九歳のとき

一　九つの時、養家の親類に、鈴木清兵衛といふ御細工所頭を勤める仁、柔術の先生にて、一橋殿・田安殿始諸大名、大勢弟子をもつている先生が横網町と云ふ所にいる故、弟子になりにゆくべしと、親父が云ふ故いつたが、三、八、五、十がけいこ日にて、はじめて稽古場へ出て見た。始は遠慮をしたが、段々いたづらをしゐだし、相弟子ににくまれ、不断ゑらきめにあつた。或日けいこに行と、はんの木馬場といふ所にて、前町の子供、そのおやどもが大勢あつまりて、おれがとをるを待つておる。一向にしらずして、其前を通りしが、「それ男谷のいたづら子がきた。ぶちころせ」とのゝしりおつて、竹やり、ぼうちぎりにて、とり巻しが、直に刀を抜てふりはらい〱、馬場の土手へかけ上り、御竹蔵の二間ばかりのぬま堀へはゐり漸々にげ込しが、其時羽織はかまなぞがどろだらけになりおつた。夫から御竹蔵番の門番は、ふだん遊びに行く故に、いろ〱世話をしてくれたが、内へかへるが、気概があるゆへたのんでおくつて貰た。四、五十人ばかりまち伏をしおつた。おふきなめにあつた。その後は二月ばかり、亀沢丁はとおらなんだが、同町の縫箔屋の辰といふやつが、門のまへをとおりおつたから、なまくら脇差にてたゝきちらしてやつたが、内の中間が漸々止て、辰の内へつれていつて、はんの木馬場のしかへしのよしをその野郎のおやによくいつたとさ。夫よりは亀沢町にておれに無礼をするものはなくなつたよ。

三 柔術のけいこばで、みんながおれをにくがつて、寒げいこの夜つぶしと云ふ事をする日、師匠からゆるしがでゝ、出席の者が食いものをてんぐ＼にもち寄つて食うが、おれも重箱へまんぢうをいれていつたが、夜の九つ時分（十二時）になると、けいこをやすみ、みなぐ＼持参のものをだしてくうが、おれもうまひものをくつてやろふとおもつていると、みんなが寄つて、おれを帯にてしばつて天上へくゝし上げおつた。其下で不レ残寄りおつて、おれがまんぢうまでくゐおる故、上よりしたゝかおれが小便をしてやつたが、取りちらした食ものへ小便がはねおつた故、不レ残捨ててしまいおつたが、その時はいゝきびだとおもつたよ。

十歳のころ・馬の稽古

三 十の年、夏、馬のけいこをはじめたが、先生は深川菊川丁両番を勤める一色幾次郎といふ師匠だが、馬場は伊予殿橋の、六千石とる神保磯三郎といふ人の屋敷でけいこをするのだ。おれは馬がすきだから、毎日〳〵門前乗をしたが、二月めに遠乗にいつたら、道で先生に逢つてこまつた故、横丁へにげこんだ。そふすると先生が、次のけいこにいつたら、こゞとをいゝおつた。「まだくらもすわらぬくせに。以来はかたく遠乗はよせ」といゝおつた故、大久保勘次郎といふ先生へいつて、せめ馬の弟子入したが、この師匠はいゝ先生で、毎日木馬に乗れとて、よくいろ〳〵おしへて呉(くれ)たよ。毎月五十くら乗をすべしとて、借馬引にそふいつて、藤助・伝蔵・市五郎といふやつの馬をかり、毎日〳〵馬にばかりかゝつていたが、しまへ(い)には馬を買つて、藤助にあづけておいたが、火事には不断でた。壱度、馬喰町の火事の時、馬にて火事場へ乗込しが、今井帯刀(たてわき)といふ御使番にとがめられて、いつさんににげたが、本所の津軽の前までおつかけおつた。馬が足が達者故とふ〳〵にげおふした。あとで聞ば、火事場は、三町手前よりは、火元へ行ものではなゐといふことだよ。

一四　壱度、すみだ川へ乗行しが、其時は伝蔵といふ借馬引の馬をかり乗つたが、土手にて一さんにおひちらしたが、どこのはづみか、力皮がきれて、あぶみを片つぽ川へおとした。其まゝ片あぶみで帰つたことがある。

十一歳のころ

一五　十一の年、駿河台に鵜殿甚左衛門といふ剣術の先生がある。御簾中様の御用人を勤む、忠也流・一刀流にて銘人とて、友達が咄しおつた故、門弟になつたが、木刀の形ばかりおしへおる故、いゝことにおもつてせいを出していたが、左右とかいふ伝受を呉たよ。其稽古場へ、おれが頭の石川右近将監のむすこがいでしが、おれの高や何かを能知つている故、大勢の中で、「おれが高はいくらだ、四十俵では小給者だ」といつて笑ひおるが不断のこと故、おれも頭の息子故内輪にしておいたが、いろ〳〵馬鹿にしおる故、或とき木刀にておもふさまたゝきちらし、あくたいをついて、なかしてやつた。師匠にひどくしかられた。今は石川太郎左衛門とて御徒頭を勤めているが、古狸にて、今になんにもならぬ、女を見たよふな馬鹿野郎だ。

十二歳のころ

一六　十二の年、兄きが世話をして学問をはじめたが、林大学頭の所へ連れ行きやつたが、夫より聖堂の寄宿部屋保木巳之吉と佐野郡左衛門といふきもいりの処へいつて、大学をおしへて貰つたが、学問はきらい故、毎日〳〵さくらの馬場へ垣根をくゞりていつて、馬ばかり乗つていた。「大学」五、六枚も覚えしや。両人より断わりし故に、うれしかつた。

一七　馬にばかり乗りし故、しまいには銭がなくなつてこまつたから、おふくろの小遣又はたくわへの金をぬすんでつかつた。

一八　兄きが御代官を勤めたが、信州へ五ケ年つめきりをしたが、三ケ年目に御機げん窺に江戸へ出たが、そのときおれが馬にばかりかゝつていて銭金をつかふ故、馬の稽古をやめろとて、先生へ断の手紙をやつた。其上にておれをひどくしかつて、禁足をしろといゝおつた。夫から当分内に居たがこまつたよ。

十三歳のころ

一九　十三の年の秋、兄が信州へかへつたから、又々諸方へ出歩行(であるき)、のらくらしていたが、とかくおれがばゝあどのがやかましくつて、おれがつらさへ見ると、叱言をいゝおる故、おれもこまつた。しまへ(い)には兄よめに咄して、智恵をかりたが、兄よめも気の毒におもつて、親父へはなして呉たが、そこで或る日親父がばゝあどのへいふには、「小吉もだん〳〵年もとる故、小身者はにたきまで自身に出来ぬと、身上をばもてぬものだから、以来は小吉が食物などは当人へ自身にするよふにさつしやるがよい」といつて呉た故、猶々おれがことはかまはず、毎日〳〵自身ににやきをしたが、醤油には水をいれておくやら、さま〴〵の事をするから、心もちがわるくつてならなかつた。よそより菓子、何にても貰へば、おれにはかくして呉ずして、おれがきものは一つこしらいて呉ると、世間中へ吹聴して、わるく斗りいゝちらし、きもがいれてならなかつた。親父にゆふと、おれ斗りしかるし、こんなこまつたことはなかつた。

十四歳・出奔・乞食旅

二〇　十四の年、おれがおもふには、男は何をしても一生くわれるから、上方当(あた)りへかけおちをして、一生いよふとおもつて、五月の廿八日に、もゝ引をはいて内を出たが、世間の中は一向しらず、かねも七、八両斗りぬすみ出して、腹に巻付て、先づ品川まで道をきゝ〳〵して来たが、なんだかこゝろぼそかつた。

二一　夫からむやみに歩行(あるい)て、其日は藤沢へとまつたが、翌日はやく起きて宿を出たが、どふしたらよかろふと、ふら〳〵ゆくと、町人の二人連の男が跡よりきて、おれに、「どこへゆく」と聞くから、「あてはなゐが上方へゆく」といつたら、「わしも上方まで行くから一所にゆけ」といゝおつた故、おれも力を得て、一所にいつて、小田原へとまつた。其時、「あしたは御関所だが、手形はもつているか」といふ故、「そんな物はしらぬ」といつたら、「銭を弐百文だせ。手形を宿で貰つてやる」といふから、そいつがいふとおりにして関所も越したが、油断はしなかつたが、浜松へ留つた時は、二人が道々よくせわをして呉たから、少し心がゆるんで、はだかで寝たが、其晩にきものも大小も腹にくゝしつけた金もみんな取られた。

三　朝、目がさめた故、枕元を見たらなんにもなゐから、きもがつぶれた。宿やの亭主に聞いたら、二人は、「尾張の津島祭りにまに合はないから、先へゆくから、跡よりこひ」といつて立おつたといふから、おれも途方にくれて、なゐていたよ。

三　亭主がいふには、「夫は道中のごまのはゐといふ物だ。わたしは江戸からの御連れとおもつたが、何にしろきのどくなことだ。どこを志してゆかしやる」とて、しんじつに世話をしてくれた。おれがいふには、「どこといふあてはないが、上方へ行くのだ」といつたら、「何にしろじゆばん斗(ばかり)にてはしかたがない。どふしたらよかろふ」と、十方(とほう)にくれたが、亭主がひしやく壱本くれて、「是まで江戸つ子が、此海道にてはまゝそんなことが有から、おまへも此ひしやくをもつて、浜松の御城下・在とも壱文づゝ貰つてこひ」とおしへたから、漸々思ひ直して、一日方〳〵貰つて歩行たが、米や麦や五升ばかりに、銭を百二、三十文貰つて帰つた。

亭主、いゝものにて、其ばんはとめて呉た。翌日、「先づ伊勢へ行つて、身の上を祈りてくるがよかろふ」といふ故、貰つた米と麦とを三升斗りに銭五十文ほど、亭主に礼心にやつて、夫から毎日〳〵こじきをして、伊勢大神宮へ参つたが、夜は松原又川原或は辻堂へ寝たが、蚊にせめられてろくに寝ることも出来ず、つまらぬざまだつけ。

御師龍太夫

二四 伊勢の相生(あいおい)の坂にて、同じこじきに心易くなり、そゐつがいふには、「龍太夫と云御師(おし)の処へいつて、江戸品川宿の青物屋大坂屋の内よりぬけ参りに来たが、かくのしだい故、留めてくれろといふがいゝ。そうすると向ふで張面(帳)をくりて見てとめる」とおしへて呉た故、龍太夫の内へいつて、中の口にて其通りいつたら、はかまをきたやつが出て張面(帳)を持つて来てくり返し〳〵見おつて、「奥へ通れ」といふから、こわ〴〵通つたら、六畳斗りの座敷へおれをいれて、少し達て其男が来て、「湯へはいれ」といふから、久しぶりで風呂へはゐつた。あがると、「麁末(そまつ)だが御ぜんをくへ」とて、いろ〳〵うまいものを出したが、これも久敷(ひさし)くはないから腹いつぱゐやらかした。少し過て、龍太夫がかり衣にて来おつて、「能こそ御参詣なされた」とて、「明日は御ふだを上げませう」といふ故、おれはたゞ、「はゐ〳〵」といつてじぎばかりしていた。夫から夜具蚊やなど出して、「お休みなされ」といふから、寝たが、こゝろもちがよかつた。翌日は又々馳走をして御札を呉た。

そこでおれがおもふには、とてものことに金も借りてやろふと、世話人へそのことをいつたが、先の取次をした男が出て来て、「御用でござり舛(ます)か」といふから、道中にてごまのはゐのことをいゝ出して、「路銀を二両斗りかして呉るよふ頼(たのむ)」といつたら、龍太夫へ申聞かすとてひつこんだ。少しあひだがあつて、おれにいふには、「太夫方も御らんの通り、大勢さまの御逗留故、なかなか手廻りませぬ故、余りに軽少だが、是を御持被下(くださる)やう」とて壱貫文呉た故、夫を貰つて早〱(そうそう)にげ出した。夫から方々へ参つたが、銭はあるし、うまゐものを食いどふしだから、元のもくあみになつた。

二六　龍太夫を教へて呉た男は、江戸神田黒門町の村田といふ紙屋の息子だ。夫からこゝで貰ひあそこで貰ひ、とふ〱空(から)に駿河の府中迄かへつた。なにをいふにも、じゆばん壱枚、帯はなわを〆(しめ)、わらぢはいつにもはゐたことも禰(ね)へから、ざまのわるいこじきさ。府中の宿の真中ころに、観音かなんかの堂があつたが、毎ばん夜は其堂の椽の下へ寝た。

府中の与力

二六　或る日、府中の城の脇の、御紋付を門のとびらにつけた寺があるが、其寺の門の脇は竹やぶ斗りの所だが、その脇に馬場があつて、馬場の入口に石がたんとつんで有から、そこへ一夜寝たが、翌日、朝早く侍が十四、五人来て、借馬のけいこをしていたが、どいつも〳〵へただが、夢中になつて乗つていおるから、おれが目をさましておきあがつたら、馬引どもが見おつて、「爰(ここ)にこじきが寝ていおつた。ふていやつだ。なぜ囲ひの内へ込(へえ)りおつた」とてさん〴〵しかりおつたが、いろ〳〵わびをして其の内へかゞんでいて、馬乗を見たが、あんまりへたがおゝひからわらつたら、馬喰共が三、四人でしたゝかおれをぶちのめして外へ引づり出しおつた。おれがいふには、「みんなへただからへただといつたがわるいか」と大声でがなつたらば、四十ばかりの侍が出おつて、「これ、こじき。手前はどこのやつだ。子蔵(こぞう)のくせに、侍の馬に乗るをさつきからいろ〳〵といふ。国はどこだ。いへ〳〵」といふから、おれが、「国は江戸だ。それに元からこじきではない」といつたら、「馬はすきか」といふ故、「すきだ」といつたら、「ひとくら乗れ」といゝおる故、じゆばん一枚で乗つて見せたら、みんながいゝおるには、「この子蔵めは侍の子だろふ」といゝおつて、せんの四十ばかりの男が、「おれの内へ一所にこひ。めしをやろふ」というから、けいこをしまひ、帰るとき、其侍の跡につゐていつたら、町奉行屋敷の横丁のかぶき門の屋敷へはゐり、おれをよんで台所の上りだんでしたゝか飯と汁をふるまつたがうまかつた。

其侍も奥の方で飯をくつてしまひおつて又台所へ出てきて、おれの名、又親の名をきゝおるから、いゝかげんにうそをいつたら、「なんにしろ不便〔憫〕だからおれが所にいろ」とて単物を呉た。そこの女房も、おれがかみを結つて呉た。行水をつかへとて湯をくんでくれるやら、いろ〲とかわゐがつた。今かんがへると与力とおもふよ。其侍は肩衣をかけて、どこかへいつたが、夕方内へ帰つた。夜も、おれを居間へよんでいろ〲身の上の事をきいたから、「町人の子だ」といつてかくしていたら、「いまに大小とはかまをこしらいてやるから爰(ここ)にてしんぼうしろ」といゝおる。六、七日もいたが、子のよふにして呉た。

鞠子の賭場

三七　おれが腹の内でおもふには、こんなうちにしんぼうしていてもなんにもならぬから、上方へいきて、公家の侍にでもなるほふがよかろふと思ひて、或ばん単物も帯もたゞ〔畳〕んで寝どこにおひて、じゆばんをきて其内をにげ出して、安部川の向ふの地蔵堂にそのばんは寝た。翌日、夜のあけないうちに起きて、むやみに上方のほふへにげたが、銭はなし、食物はなし、三日ばかりはひどくこまつたが、夫から壱文づゝ貰つて、宇都宮の地蔵堂にふた晩寝たが、其夜五つ（八時）時分に、堂の椽がわにどんとおとがする故、其おとにて目がさめたが、人がいるよふす故、せきばらいをしたら、其人が、「そこに寝ているはなんだ」といゝおるから、「伊勢参りだ」といつたら、「おれはこの先の宿へばくちにゆくが、此銭を手前かつゐでゆけ。御伊勢さまへ御さいせんを上るから」といゝおる故、起出て其銭をかつゐでゆくと、たしか鞠子（まりこ）の入口かとおもつたが、普請小屋へはゐりしが、おれもつゞゐて入りしが、三十人斗り車座になおつて、おれを見て、「そのこじきめはなぜ爰（ここ）へはゐつた」と親方らしい者がいふと、連の人が、「こひつは伊勢参りだからおれが連れて来た」といふと、「す（そ）んなら手前はめしでもくつてまつていろ。今に御伊勢様へ御初穂上げるから」とて飯酒を沢山ふるまつた。

少し過ぎると、連れて来た人が銭を三百文斗（ばかり）紙にまいてくれた。外のものも五十、百、廿四文、十二文てん〳〵に呉たが、九百斗貰つた。みんながいゝおるには、「はやく地蔵さまへいつて寝ろ」といふ故、礼をいふて此の小屋を出ると、ひとりがよびとめて、大きなむすびを三つ呉た。

六 うれしくつて又半道斗りの所をもどつて、地蔵へさいせん上げて寝たが、夫よりふらふら壱文づゝ貰ひ、四日市までいくと、先頃龍太夫をおしへた男に逢つた。其時の礼をいつて百文斗り礼にやつたらば、其男がうれしがつて、「久敷飯をはら一ぱゐくわぬから飯をくおふ」とて、二人で飯を買て、松原にねころんで食つた。別れてより互ひにいろ〳〵のめにあつたはなしをして、其の日は一所に松原に寝たが、こじきの交りは別なものだ。

旅に病んで

元　夫から二人いゝ合つてまた〳〵伊勢へいつた。其の男は四国の金比羅へ参るとて、山田にて別れ、おれは伊勢に十日斗りふら〳〵していたが、だん〳〵四日市の方へかいつて来たが、白子の松原へ寝たばんにづゝうが強くして、ねつが出てくるしみしが、翌日には何事もしらずして松原に寝ていたが、二日ばかり立ちて漸々人心地が出て、往来の人に壱文づゝ貰ひ、そこに倒れて七日斗り水を呑んで、よふ〳〵に腹をこやしいたが、其の脇に半町斗り引こんだ寺があつたが、そこの坊主が見付て毎日〳〵麦の粥を呉た故、よふ〳〵力がつゐた。

二十二、三日ばかり松原に寝ていたが、坊主がこも弐枚呉て、「壱枚は下へひき、壱枚は夜かけて寝ろ」といつた故、其通りにして、ぶら〳〵して日をおくつたが、二十三日めごろか足が立つたゆへ、大きにうれしく、竹きれを杖にして少しづゝ歩行た。

夫から三日ばかりして、寺へいつて礼をいつたら、「大事にしろ」とて坊主が古い笠とわらぢを呉た故、其の門を出ると、又〱よんで、銭を百文呉れた故、漸々一日に壱里ぐらいづゝ歩行てきたが、伊勢路では火でたゐた物は一向呉ぬ故、なま米をかじりてあるいたから、病後故に腹がなおらぬから、また〱気分がわるくつて、所は忘れたが或河原の土橋の下に大きな穴が横にあゐているから、そこへはゐつて五、六日寝ていた。

三〇　或ばん、若ひこじきが弐人来て、おれにいふには、「その穴は先月まで神田の者が寝処にした所だが、どこへかゆきおつた故に、おらが毎ばん寝る所だ。三、四日かせぎに出た故、手前にとられてこまる」といふゆへ、病気のよしをいつたら、「そんなら三人にて寝よふ」とぬかして、六、七日一所にいたが、食ひ物にこまり、「どふしよふ」と二人へいつたら、「伊勢にては火の物は太神宮(だいじんぐう)様が外へ出すをきらいだから、くれぬ故、在所へいつて見やれ」といふから、杖にすがつてそこより十七、八町の脇の村方へはゐつたら、番太郎が六尺棒を持つて出て、「なぜ村方へ来た。其為に入口に札が立ててある。このべらぼふめが」とぬかして、棒でぶちおつたが、病気故に気が遠くなつて倒れた。

そふすると足にて村の外へけだしおつた故、ほふ〳〵はふよふにして漸々橋の下へ帰つて来たら、二人が、「どふしてた」といふから、其しだゐをいつたら、「手前は米はあるか」といふから、麦と米と三、四合貰ひためたをだして見せたら、「そんならおれが粥を煮てやろふ」といつて、徳利のかけを出して、土手のわきへ穴を掘つて、徳利へ麦と米を入れて水をも入れ、木の枝をもして、粥を拵らいて呉たから、少しくつた。跡は礼に二人へふるまつた。

夫よりおれも古どく利を見付て、毎日〳〵貰つた米・麦・ひきわりを其徳利にて煮て食つたから、こまらないよふになつたが、夫迄は誠に食物にはこまつた。

三 だん〳〵気分もよくなつたから、そろ〳〵とそこを出かけて、府中まで帰つたが、とかく銭がなくつて困るから、七月、調度盆だから、毎晩〳〵町々を貰つて歩行たが、伝馬町といふ処の米屋で、ちいさい小皿にひきわりを入れて施行に店へ並べておくから、一つとつたが、一つのさらに銭が壱文あるからそつと又壱つ取つた。そふすると、米をつゐていた男が、見付おつて、腹を立て、「二度とりをしおる」とてにぎりこぶしで、おれをしたゝかぶちおつたが、病後故道ばたに倒れた。

よふ〳〵気がつゐたゆへ、観音堂へいつて寝たが、其時は漸々二ほん杖にてあるく時故、翌日は一日腰がいたくつて、どこへも出なんだ。

三　二丁町の廓の客

夫からある日のばん方、飯がくいたいから、二丁町へはゐつたが、麦や米ばかり呉て、飯を呉ぬから、だん〳〵貰つて行つたら、まがり角の女郎屋で、客がさわゐでいたが、おれにいふには、「手前は子蔵のくせ、なぜそんなに二本杖であるく。わずらつたか」といふ。「さよふでござり舛」といつたら、「そふであろふ。よく死なゝかつた。どれ飯をやろふ」とて、飯や肴やいろ〳〵のさいを竹の皮につゝませ、銭を三百文つけて呉た。

おれは地ごくで地蔵に逢つたよふだと思つて、土へ手をつゐて礼をいつたら、其客が、「手前は江戸のよふだが、ほんのこじきでは有まい。どこか侍の子だろふ」とて女郎にいろいろはなしおるが、ひぢりめんの袖口の付た白地のゆかたとこんちりめんのふんどしを呉れたが、うれしかつた。

「今晩は木賃宿へ留つて畳の上へ寝るがいゝ」といつたゆへ、厚く礼をいつて、夫から伝馬町の横丁の木賃宿へいつて留つたが、毎日〳〵府中のうちを貰つて歩行たが、夫より木賃宿へ夜になると留つたが、しまいには宿せんやら食物代がたまつて、はらいにしかたがないから、単物を六百文の質に入れて貰つて、そふ〳〵そこのうちを立つて、残りの銭をもつて、上方へ又志してゆくに、石部(いしべ)までいつたら、或る日宿のはづれの茶屋の脇に寝ていたら、九州の秋月といふ大名の長持が二棹きたが、その茶屋へ休んでゐると、長持の親方が二人来て、同敷床几(おなじくしようぎ)に腰をかけて、酒を呑んで居たが、おれにいふには、「手前はわづらつたな。どこへ行く」といふから、「上方へ行く」といつたら、「あてがあるのか」といふ。「あてはないがゆく」といつたら、「それはよせ。上方はいかぬ所だ。それより江戸へ帰るがいゝ。おれがつれていつてやらふから、まづ髪さかやきをしろ」とて向ふの髪結所へ連れていつて、させて、「そのなりでは外聞がわるゐ」とてきれいのゆかたをくれて、三尺手拭を呉れた。

秋月藩の仲間親方

三「なんにしろ杖をついてはらちがあかぬから、かごへ乗れ」とて、かごをやとゐて、乗せて毎日〳〵よく世話をして呉れた。

「江戸へいつたらおくつてやろふ」とて、府中まで連れて来たが、そのばん親方がばくちのけんくわで大さはぎができて、おれを連れた親方は、国へ帰るとて、くれた単物を取り返して木綿の古じゆばんを呉れて、直に出てゆきおつたから、今壱人の親方がいふには、「手前は是迄連れて来て貰つたをとくにして、あしたは壱人で江戸へゆくがいゝ」とて、銭を五十文斗り呉おつたが、しかたがないからまたこじきをしてぶら〳〵来て、所はわすれたが、或がけのところに其ばんは寝たが、どふいふわけか、がけより下へ落ちた。

箱根山中の野宿

亖 岩のかどにてきん玉を打つたが、気絶をしていたと見へて、翌日漸々人らしくなつたが、きん玉が痛んであるくことがならなんだ。二、三日過ぎると、少しづゝよかつたから、そろ〳〵とあるきながら貰つていつたが、箱根へかゝつてきん玉がはれて、うみがしたゝか出たが、がまんをして其あくる日、二子山まであるいたが、日が暮れるから、そこに其晩は寝ていたが、夜の明方、三度飛脚が通りて、おれにいふには、「手前ゆふべはこゝに寝たか」といふゆへ「あい」といつたら、「つよひやつだ。よく狼に食われなんだ。こんどから山へは寝るな」といつて、銭を百文斗り呉た。

夫から三枚橋へきて、茶屋の脇に寝ていたら、人足が五、六人来て、「子蔵や。なぜ寝ている」といゝおるから、「腹がへつてならぬから寝ている」といつたら、飯を一ぱゐくれた。

小田原の喜平次

三五　其中に四十くらいの男が云には、「おれの所へきて奉公しやれ。飯は沢山くわれるから」といふゆへ、一所にいつたら、小田原の城下のはづれの横丁にて、漁師町にて喜平次といふ男だ。

おれを内へいれて、女房や娘に、「奉公につれてきたから、かわひがつてやれ」といつた。女房むすめもやれこれといつて、「飯をくへ」といふ故、飯を食つたらきらずめしだ。魚は沢山あつて、やひてくれた。

一日たつと、「あすよりは海へ行きて船をこげ」といふから、江戸にて海へは度々いつた故、「はゐ〳〵」といつていたら、「子蔵の名はなんといふ」と聞くから、「亀といふ」といつたら、お鉢のちひさいのを渡して、「是に弁当をつめて朝七つ（四時）より毎日〳〵ゆけ。手前は江戸ツ子だから、二、三日は海にて飯は食へまいから、もつていくな」と喜平〔次〕がいゝおるから、おれは、「江戸にて毎日海へ船を乗つたから、こわくはない」といつたら、「いや〳〵江戸の海とは違う」といふから、それでも聞かずに弁当を持つていつた。

夫から同船のやつが内へおれを連れていつてたのんだら、「あしたより早くこい」といふ。それから毎朝〳〵船へいつたが、みんながいふには、「亀があるくなりはおかしい」とい〻おる。そのはづだ、きん玉がはれが引かずにいて、水がぼた〳〵たれてこまつたが、とふとふかくしとふしてしまつたが、こまつたよ。

毎日、朝四つ（十時）時分には沖より帰つて、船をおかへ三、四町ひき上げ、あみをほして、少しづ〻魚を貰つて帰つて、小田原の町へ売りにいつた。

夫から内へかへつて、きらずをかつて来て、四人の飯をたくし、近所のつかひをして二文三文づ〻貰つた。内の娘は三十斗りだが、い〻やつで、とき〴〵すゐくわ［西瓜］なぞを買つてくれた。女房はやかましくつて、よくこきつかつた。

喜平は人足故、内へは夜ばかりゐたが、是はやさしいおやぢで、時々くわしなんぞ持つて来て呉た。十四、五日ばかりいると、子のよふにしおつた。

[三六]おれに江戸の事を聞いて、「おらが所の子になれ」とい〻おる故、そこでかんがへて見たが、何にしろおれも武士だが、内を出て四ケ月に成に、こんなことをして一生いてもつまらねへから、江戸へ帰つて、親父の了簡次第になるがよかろふと思ひ、娘へきげんをとり、引［解］ときのきもの〻つぎだらけなを一つ貰ひて、閏八月の二日、銭三百文戸棚にあるをぬすんで、飯を沢山弁当へつめて、「浜へゆく」といつて、夜八

つ（二時）時分起きて喜平が内をにげ出して、江戸へ其日の晩の八つ頃にきたが、あやにく空はくらし、鈴が森にて犬が出て取りまいた故、一生けん命大声を揚てわめくと、番人こじきが犬をおひちらして呉たゆへ、高輪のりやう［漁］師丁（まち）のうらにはゐりて、のり取り船があつたから、夫をひつくり返して、其下に寝たが、あんまり草臥（くたびれ）たせいか、あくる日、日が上つても寝ていたから、所のものが三、四人出て見付てしかりおつた。

わびをしてそこを出て、飯をくひなぞしてあたご山へきて、一日寝ていて、其晩は坂をおりるふりをして山の木のしげみへ寝た。

三日ばかりひと目をしのんで、五日めには夜る（ママ）両国橋へ来て、翌日回向院の墓場へかくれていて、少しづゝ食物をかつて食つていたが、しまへ（い）には銭がなくなつたから、毎ばん／＼かきねをむぐり出て貰つていたが、夜はくれてがすくなゐからひもじいおもひをした。

回向院奥の墓場にこじきの頭があるが、おれに、「仲間へはゐれ」とぬかしおつたから、そやつの所へいつて、したゝかめしを食ひたおして、夫から亀沢町へきて見たが、なんだかしきへ［敷居］が高いよふだから、引返して二ツ目の向ふの材木問屋のかしへいつて寝た。

四ケ月ぶりの帰宅

三七 三日めに朝早く起きて、内へかへつたが、内中、「小吉が帰つた」といつて大さわぎをし、おれが部屋へはいつて寝たが、十日ばかりは寝どふしをした。おれがいなゐ内は、加持祈禱いろ〲として従弟女の恵山といふ比丘は上方まで尋て登たとてはなした。

夫から医者がきて、「腰下に何と仔細があろふ」といろ〲いつたが、其時はまたきん玉がくづれていたが、強情に、「ない」といつてかくうしてしまつたが、三月ばかり立と、湿ができてだん〲大そふになつた。起居もいできぬよふになつて、二年ばかりはそとへもゆかず、内すまいをしたよ。

三八 夫から親父が、おれの頭石川右近将監に、かへりし由をいつて、「いかにも恐入る事故に小吉はいん居させ、外に養子いたすべき」といつたら、石川殿が、「今月かへらぬと月切れ故、家は断絶するが、まづ〲かへつて目出たい。夫には及ぬ。年取りて改心すれば、おやくにもたつべし。よく〲手当してつかはすべし」とていわれた。夫で一同安心した、とみんなが咄した。

十六歳・出勤・逢対

三九　十六の年には漸々しつも能(よく)なつたから、出勤するがいゝといふから、逢対(あいたい)をつとめたが、頭の宅で張(帳)面が出ているに銘々名を書くのだが、おれは手前の名がかけなくつてこまつた。人に頼んで書て貰た。

石川が逢対の跡で、「こじきをした咄しをかくさずしろ」といつたから、はじめからのことをいつたら、「能く修行した。今に御番入(ごばんいり)をさせてやるから心(しん)ぼうをしろ」といはれた。

吉原初遊び

四〇　また内ではばゝあどのが、猶々やかましくつて、「おのれは勝の家をつぶそうとしたな」とていろ〳〵いゝおつてこまつたが、毎日〳〵内にはいなんだ。

兄きの役所詰に久保島可六といふ男があつたが、そいつがおれをだまかして吉原へ連てゆきおつたが、おもしろかつたから、毎ばん〳〵いつたが、かねがなくつて困つて居ると、信州の御料所から御年貢の金が七千両きた。役所へ預りて改て御金蔵へ納めるのだ。

四一　其時、おれに番人を兄きよりいゝつけたから、番をしていると、可六がいふには、「かねがなくつては吉原は面白くないから百両斗（ばかり）ぬすめ」と教へた〔か〕ら、おれも、「尤もだ」といつて、千両箱をあけ、弐百両とつたが、跡がかたかたする故こまつたら、久保島が石ころを紙に包んでいれてくれた故、しらぬ顔でいたが、二、三日立（たつ）と知れて、兄きがおこつたが、いろ〳〵せんぎをしたら、おれが出したと役所の小遣めが白状しおつた故、おれに金をだせとて兄がせめたが、「しらぬ」とて強情をはり通したが、兄が親父へ其訳をはなしたら、親父がいふには、「手前も年のわかゐうちは度々そんなことが有つたけ。〔わ〕づかの金で、小吉をきづものにはできぬ故、なんとか了簡してみやれ」といつた。そこでいよ〳〵おれが取つたに違ひなゐ故、それぎりにしてだれもしらぬ顔でおさまつた。おれは其金を吉原へもつていつて、壱月半斗りにつかつてしまつたが、夫から蔵宿やほう〴〵を頼んで金をつかつた。

喧嘩の師匠・源兵衛

四二　或日、おれの従弟の処へいつたら、其子の新太郎と忠次郎といふ兄弟があるが、一日いろいろのはなしをしていたが、そこの用人に源兵衛といふがいたが、剣術遣ゐだといふことだが、おのれにいふには、「お前さまはいろ〳〵とおあばれなさり舛（ます）

が、喧嘩はなさいましたことがあり舛か。是は胆がなくってはできません」といふから、「おれは喧嘩は大好だが、ちいさい内から度々したが、おもしろいものだ」といつたら、「さやうで御座舛か。あさつては蔵前の八幡の祭があり舛が一喧嘩やりましやうから、一所にいらつしやひまして、一勝負なさいまし」といつたから、約束をして帰つた。

其日になりて夕方より番場の男谷へいつたら、先の兄弟もまつていて、「よく来た。今、源兵衛が湯へいつたから帰つたら出かけよふ」と支度をしていると、間もなく源兵へ[衛]が帰つた。夫より道〳〵手はづをいゝ合て八幡へいつたが、みんなつまらぬやつ斗りで、相手がなかつたが、八幡へはゐると、向ふよりきいたふうのやつが二、三人で鼻歌をうたつて来る故、一ばんに忠次郎がそゐつへ唾を顔へしかけつたが、其野郎が腹を立て、下駄でぶつてかゝりおつた。そふするとおれがにぎりこぶしで横つらをなぐつてやると、跡のやつらが惣[総]がゝりにぶつてかゝりおるから、目くらなぐりにしたら、みんなにげおつたゆへに、八幡へいつてぶら〳〵していると、二十人ばかり長鳶を持てきおつた。

「なんだ」と思つていると、壱人が、「あの野郎だ」とぬかして四人を取まきおつた。夫から刀をぬいて切りはらつたら、源兵へ[衛]がいふには、「早く門の外へ出るがいゝ。門をしめると取りこになる」と大声でいふから、四人が並で切り立て、門の外へ出たら、そいつらが加勢と見へて、また三十人斗りとび口を持て出おつたから、並木の入口の砂場蕎麦の格子を後ろにして、五十人斗を相手にしてたゝきあつたが、一生けん命になつた。

四、五人ばかりきづを負おは（ママ）したら、少し先がよわくなつたゆへ、むやみにきりちらし、とび口を十本ほどもたゝき落した。そふするとまた〳〵加勢が来たが、はしごを持て来た。

其時源兵衛がいふには、「最早かなわぬから三人は吉原へにげろ。跡は私がきりはらい帰るから」と「早くゆけ」といつたが、三人ながら源兵衛ひとりをおくを不便（憫）におもひ、「一所（緒）におひまくつて、一所ににげよふ」といつたら、「おまへさん方は、けがゝ有つてはわるいから、是非〳〵早くにげろ」とひたすらいふゆへ、おれが源兵衛の刀がみぢかひからおれの刀を源兵衛に渡して、直々（じきじき）に四人が大勢の中へ飛こんだら、先のやつはばら〳〵と少し跡へ引込だはづみに、にげだして、漸々浅草の雷門で三人一所になり、吉原へいつたが、源兵衛がきづかはしいから引もどして、番場へいつて飯をくおふとおもつていつたらば源兵衛は内へ先へ帰つて、玄関で酒を呑でいたゆへに、三人が案（安）心した。

「わかった」ランドンは言った。「けりをつけましょう。どこで?」

「おれの車のなかで話をできる」ボッシュは言った。「あるいは、きみの車のなかでも。あるいは、落ち着けるコーヒーショップをさがしてもいい」

「あたしの車で。このことを公の場で話したくない」

「じゃあ、きみの車のなかで話そう」

16

ボッシュがウッドロウ・ウィルスン・ドライブを車で駆け上がり、自宅にたどりつくまでハラーは電話を折り返してこなかった。ボッシュは自宅で休むつもりでいた。ロベルト・サンズが殺された日のことをマディスン・ランドンが話しだしたときに溢(あふ)れでたアドレナリンは、次第に少なくなり、やがてボッシュを消耗させていた。〈ヴローマンズ〉の駐車場を離れるまえに、ボッシュはシスコにショートメッセージを送り、ランドンを見つけてくれたことに再度礼を述べ、そのあとでハラーへ電話をかけた。四十分後、自宅まであと少しに来て、一時間ほど横になる心づもりをしていたところにハラーから電話がかかってきた。

「すまん、法廷に出ていた。なにがあった?」

「サンズが息子をルシンダのところに連れ帰るのが遅れたのは、彼がFBIといっしょにいたからだった」

長い沈黙が下りた。

「聞いてるか、ミック？」

「ああ、いまその情報を消化しているところだ。だれがそれを言った、あのガールフレンドか？」

「そうだ。オフレコでな。彼女はこの話に関わりたくないと思っている。怖がってるんだ」

「だれを？」

「クーコスを」

「どういう捜査官だ？　名前は摑んだのか？」

「ひとりの姓だけがわかった。マックアイザック捜査官。フルネームと所属を突き止めるのは難しくないだろう。家に着いたら電話をかけはじめる」

「これですべてが変わってしまうぞ」

「どうしてそうなる？」

「マックアイザックは、あんたと話をしないだろう。その確率はきわめて高い。そして、ムーキー・ベッツが速球を打ち返すようにＦＢＩは州裁判所の召喚状をはねのけるのが通常だ。そのガールフレンド——新しい名前はなんだった？」

「マディスン・ランドン」

「マディスン・ランドンは、マックアイザック捜査官とサンズの打ち合わせの内容を知っているのか？」

「いや、たんに深刻な代物だと知っているだけだ。サンズはランドンに、自分がなにかに行き詰まったと言ったそうだ――行き詰まったと、文字どおりサンズは言ったらしい。そしてＦＢＩと話をしなければならなくなった、と。ランドンがマックアイザックの名前を知っているのは、その日、彼らが落ち合う詳細を固めようと電話で話しているときにサンズがその名前を言うのを耳にしたからだという」

ハラーはまた黙った。このあらたな情報によってどんな法的シナリオが可能になるのか考えているのだろう、とボッシュにはわかった。ボッシュはチェロキーを自宅のカーポートに入れた。エンジンを切り、携帯電話を耳に押し当てて、座席に座ったままでいた。

「で、なにを考えてる？」ボッシュは痺れを切らして促した。

「ＦＢＩがいろんなことを変えてしまう」ハラーは言った。「こちらの手の内を州の法廷で見せずに連邦の法廷にこれを持ちこむ方法を見つけないといけないかもしれないと考えているんだ」

「どういうことなのか、おれにはわからん」

「ああ、いまも言ったように、マックアイザックを州の上級裁判所に連れだすのは絶対に無理だろう。だが、連邦裁に連れだせる可能性は大きい。問題は、連邦地裁に提訴するまえに州裁での不服申立ての計画を捨てなければならないことだ。だが、そのルートをたどると、一キロ先からこちらが近づいているのが相手にわかってしまう。先方はこちらに対処する準備を十分に整えるだろう。『マックアイザック捜査官、ロベルト・サンズが殺される一時間まえにあなたが彼と交わした会話の内容を話してください』とおれが言うときになにが起こるのかマックアイザックに事前に知られたくない」

　今度はボッシュがルシンダ・サンズと自分たちが進む道筋を考えて黙った。

「マックアイザックに接触するのはいったん止めておかねばならないだろう」ハラーが言った。

「だが、サンズが殺された日にマックアイザックがいっしょにいた理由を知る必要がある」ボッシュは言い返した。

「そのとおり。だが、ＦＢＩのドアをノックするまえに、少しのあいだマックアイザックの周辺をさぐって、ほかになにか見つけられるものをさがしてみよう」

「どこをさぐればいいのか、定かではないがな」

「それはあんたが警官のように考えていて、刑事弁護調査員のようには考えていないからだ」

「どんなちがいがあるんだ？」

「ちがいはこちらが圧倒的に不利な立場にいることだ。警官や検察官なら、一歩踏みだすごとに背後に州政府の全能の権力が控えている。州が持っているあらゆるリソースを使って調べられる。弁護側は、あんたひとりしかいない。ダビデとゴリアテであり、あんたはダビデのほうだ。だからこそ、勝利を収めるのがとても特別なんだ。そしてとても珍しいことなんだ」

「ちょっと単純化しすぎてるぞ――とりわけ、あらゆる手続きや規則が弁護側に有利に傾いている以上――だけど、言いたいことはわかった。では、ＦＢＩに対しておとなしくしているとすれば、そのかわりにおれになにをさせたい？」

「あんたはなにか考えてくれるはずだ。連邦警察への対処方法を考えるのに、二、三日くれ。この件を連邦裁にいきなり持っていけるかどうか確かめるため、何人かと話をする必要がある」

カーポートに停めた車のなかにまだいて、ボッシュは前方をまっすぐ見つめ、次に取れる動きについて考えていた。ＦＢＩがロベルト・サンズに関してなにか掴み、それが日曜の午後の秘密の打ち合わせの理由だろう、とボッシュは推測した。ロベルトはなにかに行き詰まり、情報提供者になるようマックアイザックから圧力をかけられた。このところの公然の事実として、連邦捜査局は、保安官事務所の腐敗を重点的に調べており、とりわけそこの保安官補徒党の隆盛に関心を抱いていた。それを知るのにボッシュはマックアイザックと話す必要はなかった。

問題は、ＦＢＩがロベルト・サンズに関して掴んでいるものが、徒党の一員であることよりも深刻であり、告訴されうるものであり、それがロベルトの殺害につながったのか、ということだった。ハラーは自分の義務を遂行するのに事実のすべてを必要とはしていないことをボッシュは知っていた。大半の刑事弁護士は、「火のないところに煙は立たない」を信条としている。疑念の種を植えつける必要はあるが、かならずしもその植えられた疑念を信じる必要はなかった。だが、ボッシュはたとえ刑事弁護士のために働いていても、そういうふうには行動できなかった。煙をたどって火元にたどりつかねばならなかった。もし火が出ていたなら。

頭のなかで煙をかきわけていると、次の動きがどういうものになるのか、はたと気づいた。マックアイザックに直接当たれないなら、当たれるのはだれなのか、わかった。

一キロ先から視線をもどすと、ウインドシールド越しにキッチンに通じるドアをずっと見ていたにもかかわらず、そこにあるなにかに気づいていなかったことを悟った。

ドアが十センチほどあいているのだ。

「聞いてるか、ボッシュ?」ハラーが言った。「それとも丘陵のなかで電波が通じなくなったのかい?」

「聞こえてる」ボッシュは言った。「だけど、ちょっと待ってくれ」

ボッシュはイグニションからキーを抜き、それを使ってグラブ・コンパートメントの鍵をあけた。銃を掴み、片手に武器、反対の手に携帯電話を持って、車を降りた。声を潜めてボッシュはハラーに話しかけた。

「いま家に着いたんだが、うちのドアがあいていた。出かけたときにそうなっていなかったのは、明らかだ」

「では、電話を切り、警察に通報しろ」

「まず、自分で調べてみる」

「ハリー、あんたは警官じゃない。警官に調べさせるんだ」

「ちょっと待ってくれ」

ボッシュは通話を切らずに携帯電話をポケットに放りこんだ。両手で銃を摑んでドアに接近し、銃口でドアを最後まであけた。立ったまま、なかに入るまえにしばし耳を澄ましたが、なにも聞こえなかった。彼の位置から、簡易キッチンにおかしなところはなにも見えなかった。シスコから電話を受け取ってから、その日の朝、どうやって家を出たのか思いだそうとした。急いでいたが、ドアをあけたまま出ていってしまうような状況ではなかった気がした。この家に住みはじめてから三十年以上になる。ロックが自動的にかかるまでドアを引いて閉めるのは、純粋に筋肉にしみついた記憶になっていた。

一歩退いてカーポートに戻り、この家に車を停めたとき、道路に娘の車が停車しているのを見逃したかどうか確認しようとした。

マディの車は見当たらず、ボッシュの疑念をかきたてるほかの車もなかった。キッチンのドアに向き直り、いつでも発砲できる準備をして銃を構えて静かに家のなかに入った。このとき、もっとも価値がある道具は聴覚だったが、左耳は軽度の耳鳴りにさいなまれていた。どんな音も聞き逃すまいと集中する。キッチンで向きを変え、正面のドアを通ったところにある玄関エリアに入った。そこからリビングとダイニング・エリアが見えた。まえに進んだが、なにも変わったところは見当たらなかったものの、それもリビングに入って、ターンテーブルの上でレコードが回っているのを見るまでの話だった。

アームは上がっていた――音楽は流れていない。ボッシュはレコードプレイヤーの電源を切り、回転が止まるまでレコードをまじまじと見た。マイルス・デイヴィスの『ライヴ・アット・ザ・フィルモア・イースト』で、ボッシュが数日まえにプレイヤーにかけたものだった。円盤の上に置きっぱなしにしていたのは知っていたが、プレイヤーの電源を切っていたのは確かだった。

「ハリー、なにが起こってる?」

ポケットからハラーの小さな声が聞こえるのを耳にした。ボッシュは携帯電話を取りだし、応答した。

「いまのところ、問題はないようだ。だけど、だれかがここにいた。そしてそのことをおれに知らしめたがっている」

「確かか?」

ボッシュは何者かが室内で煙草(たばこ)を吸ったことに気づいた。ボッシュ自身は二十年まえに禁煙していたが、閉ざされた空間に漂っているにおいから、何者かが最近煙草を吸ったのがわかった。

「確かだ」ボッシュは答えた。

「だれだ？」ハラーが訊く。

「わからん。いまのところは」

「警察に連絡しなきゃならん。記録に残すんだ」

「まだ家のなかを調べ終えていない。かけ直させてくれ」

「わかった。だけど、警察に連絡しないと――」

ボッシュは通話を切り、携帯電話をポケットに放りこむと、家のなかの調査をつづけた。寝室とバスルームを調べたが、侵入のさらなる証拠は見当たらなかった。ボッシュはベッドに腰かけた。あれこれ考え、自分がドアをあけっぱなしにし、ターンテーブルを回転させたままにした可能性を検討した。ひょっとしたら煙草のにおいは、以前の自身の喫煙癖から来る幻の記憶あるいは治療の副作用かもしれなかった。短期記憶の喪失や嗅覚あるいは味覚の過敏もしくは減衰は、現在受けている治療の副作用の可能性があると、ボッシュは知っていた。

フェラス医師から私用の携帯電話番号をボッシュは知らされており、一瞬、医師に電話をかけてみようかと思った。だが、すぐにその考えを打ち消した。ボッシュが署名した資料の細字部分にすでに記されていることよりほかにフェラスがなにを言うだろう？　物忘れは起こりうる副作用だ。

ボッシュは疲れと老いを感じた。それに敗北感も。銃をサイドテーブルに置く。枕が手招きしているように見えた。娘に電話をかけ、家に立ち寄り、ドアをあけっぱなしにしたかどうか訊いてみようかと思った。ボッシュが知るかぎりでは、娘は煙草を吸わなかった。だが、いま交際中の相手は喫煙者だった。電話をかけるのはあとまわしにしよう、とボッシュは思った。警察に電話するかどうかももう少しあとで判断しよう。いまは休養が必要だった。

ボッシュは体を横にした。すぐに死すべき運命に関する暗鬱な思いが消え去り、ボッシュはもっと若いころの自分が消えかけた懐中電灯を手にトンネルのなかを動きまわっているところを夢に見た。

夫から源兵衛とまた〳〵壱所に八幡の前へいつて見たら、はたご町の自身番へ大勢ひとが立ているから、そこへいつて聞いたら、「八幡で大喧嘩があつて、小揚の者をぶつたがはじまりで、小あげの者が二、三十人、蔵前の仕事師が三十人ばかりで、相手をとらへんとしてさわいだが、とふ〳〵壱人もおさへずにがした。その上にこちらは十八人ばかり手負（ておい）が出来た。今外科がきづを縫ている」といふから、四人ながら内へかへつて、おれは亀沢丁へかへつたが、あんなひどひことはなかつたよ。

四三　刀は侍が大切ものだから能（よく）〳〵気を付るものだ。おれが刀は関（せき）の兼年（かねとし）だが、源兵衛へかした時、鍔元より三寸上でおれた。夫から刀の目きゝを稽こした。

此年、兄きと信州へいつたが、十一月の末には江戸へ帰つた。源兵衛を師匠にして、喧嘩のけいこを毎日〳〵したが、しまへ（い）には上手になつた。暮の十七日、浅草市へれいの連にていつたが、其時も大喧嘩をしたが、其時忠次郎が肩をきられたが、衣類をあつくきたゆへ、身へは少しもきづがつかなかつたが、き物はじゆばんまできれた。

其晩はしらずに寝たが、翌朝女がき物をこたつへかけるとて見付て、忠次の親父へそふいつたゆへ、おれも呼によこしたから、番場へいつたら、忠之丞が三人並（ならべ）て、いろ〳〵いけんをいつて呉た。「以来は喧嘩をしまい」といふ書付を取（とら）れた。此忠之丞といふ人は、至ていい人で、親類が、「聖人のよふだ」と皆々こわがつた仁だ。

十七歳・剣術修業

四四 翌年正月、番場へ遊びにいつたら、新太郎が忠次郎と庭で、剣術を遣(つか)つていたが、おれにも遣へといふゆへ、忠次と遣たが、ひどく出合頭に胴をきられた。其時は気が遠くなつた。夫より弐、三度遣たが、一本もぶつことができぬからくやしかつた。

四五 夫から忠次にきいて団野へ弟子入にいつた。先の師匠からやかましくいつたが、構わずおゐた。夫から精を出して、早く上手になろふと思つて、外の事はかまわず稽古をしたが、翌年より伝受も二つ貰た。夫からあんまりたゝかれぬよふになつた(て)からは、同流の稽古場へ毎日〳〵いつたが、大勢が知つてきて、小吉〳〵といふよふになつたから、他流へむやみと遣ひにいつたが、其時分はまだけん術が今のよふにはやらぬから、師匠が他流試合をやかましくいつた。

他流試合の元祖

四六 他流は勝負をめつたにはしなへ(い)から、皆へたが多くあつたゆへ、おのれが十八の年、浅草の馬道、生江政左衛門といふ一刀流の師匠がいたが、或時新太郎と忠次とおれと三人でいつて、試合をいゝ入れたが早速に承知した故、稽古場へ通つて、其弟子とおれと遣つたが、はじめてのこと故、一生けん命になつて遣つたが、向ふがへたでおれがかつた。

夫からだん〳〵遣つて、師匠と忠次と試合(しおう)たが、忠次に政左衛門が体当りをされて、後の戸へつき当られて、雨戸がはづれて、あおのけに倒れたが、起る処をつゞけて腹を打たれた。其日は夫ぎりで仕末つたが、始に師匠が高慢をぬかしたがにくいから、帰りにはおれが玄関の名前の札を抜打にして持て帰つた。夫から方々へ行、あばれた。

四七 馬喰町の山口宗馬が処へ神尾・深津・高浜・おれ四人でいつて試合をいゝこんだら、上へ通して、宗馬が高慢をぬかした故、「試合をしよふ」といつたら、「今晩は御免被下(くだされ)。重(かさね)てこい」といつた故、帰りがけに入口の納簾(のれん)を高浜が刀で切りさいて、奥へほふりこんで帰つた。

四八 夫から同流の下谷あたり浅草・本所共に他流試合をする者は、みんなおれが差図を受たから、二尺九寸の刀をさして、先生づらをしていたが、だん〳〵井上伝兵衛先生が其頃は門人多く、おもだちしやつら皆々おれが配下同然になり、藤川鴫八郎門人、赤石郡司兵衛が弟子、団野のはいふに不及（およばず）、きり従ひ、諸方へ他流〔試合〕にいつたが、運がよく、みなよかつた。他流は、中興、先づおれがはじめだ。

四九 翌年夏だが、遠州掛川在の、雨の宮大明神の神主中村斎宮（いつき）の息子が、江戸へ国をにげて来て、石川瀬兵次といふ剣術遣ひの弟子になりたがり、諸々を尋ているから、其時おれが世話をして弟子にしてやつたが、瀬平次が三州吉田へ行時（ゆくとき）、其斎宮方へきて、息子の剣術の師何の隼太といふやつと試合をしたが、手もなく隼太が石川に負けた。

その時、石川が慢心して、隼太をもゝへ乗て、鎗のすごきをして見せた故に、名人だとおもつて、江戸へ跡をおつてきたといつたが、田舎者は馬鹿なものだ。其頃は石川は先生の中でも一ばんへたゞつけ。斎宮の息子は帯刀（たてわき）といつたが、だん〳〵出精して、目録になつて国へ帰つた。

十八歳・信州ゆき

五〇 十八の年、また信州へいつたが、其年は兄きが気色がわるくつて、榊木といふ村の見所場の検見をおれにさせたが、出役（しゆつやく）して、一番悪処の場へ棹を入れて、取置の時、もみ壱舛二合五勺あつたから、六合五勺の取置を云付たが、一同百姓が嬉しがつた。

この月、陣屋元の郡代百姓の所へ、上州の仁田万次郎が近親桜井某とか云ふ家来がねだりにきて、けんくわになり、刀を抜て壱人百姓をきつた。

夫よりさわぎになつたが、大勢出て召捕としたが、二尺八寸斗りの刀を真向にかざし、郡代の門をはいるやつをきりおる故、役所より手代が二、三人出て下知をしたが、こわがつてただわめく斗りだから、兄がおれに、「いつておさへろ」といふから、一さんに飛んでいつたが、門とそやつがいる処と四尺斗りではゐることができぬから、見ていたら、ゐたがいふには、「私がとりよふが有る」といつて、六尺棒を壱本ぶつけたが、其者が二つにきつた。刀を上(あげ)る所へつけこんで組付たが、腰下から股へかゝりてきられた。

其時、おれが砂をつかんで面へ打かけたが、目に入て、先がうつぶせに伏したから、先刻のゐたがきんをとつて引すへた。夫より二、三人ゐたが打かさなつてしばつた。それから陣屋のろうへ入た。跡は上州の仁田と懸合になつた。

きられたゐたは榊木の者だが、七人扶持、公儀より一生貰つた。片輪にはなつたが、強ゐやつだつけ。

五二 夫から検見に諸々へいつた。其内江戸でおふくろが死(しん)だとしらせてきたから、御用を仕末て、江戸へ来る道で、信州の追分で、夕方、五分月代の野郎が、馬方の蔭にはゐつて下にいたが、兄が見付て、おれに、「とれ」といふから、かごの脇より十手を抜ゐて、かけ出したら、其野郎は一さんに朝間の山の方へ逃げおつたから、とふ〳〵おつかけて近寄たら、二尺九寸の一本脇差をそりかへして、「御役人様。御見のがし被レ下ませ」といつたから、「うぬ。なに見のがす物だ」とそばへゆくと、其刀を抜きおつたが、引廻しをきていたが、其すそへ小戻が引かゝりて、壱尺斗り抜きおつたが、おれが直に飛びこんで、柄を持て宙がへりをしたら、野郎も一所にころんで、おれの上になつたが、跡から平賀村の喜藤次といふ取締が来て、野郎の頭を持て引くり返した故、おれも起上りて十手にてたゝきちらした。夫からなわを打て、追分の旅宿へ引来た。

上田・小諸より追々代官・郡奉行が出て来て、野郎を貰ひにきた。逸躰こいつは小諸の牢に二百日ばかりいたが、或晩牢ぬけをして追分宿へきて、女郎屋へかゝり、金をねだり、壱両取つて帰り道だといつた。

音吉とて子分が百人もあるばくち打だと、役人がはなした。夫から、大名へ渡すと首がなゐから、中の条の陣屋へやつた。其後そゐつの刀を兄が呉たが、池田鬼神丸国重といふ刀だつけ。二尺九寸五分あつた。おれが差料にした。

五二　夫から、碓氷峠で、小諸の家老の若輩が、休足（息）所へ来て、不礼をしたから、塩沢円蔵といふ手代とおれと、その野郎をとらへて、向ふの家老のかごへぶつつけてやつた。

五三　上州の安中でも、所の剣術遣ひだといつたが、常蔵といふ中間の足を、白鞘を抜て不意にきりにかゝつたから、其時もおれと二人で打のめしてしばつてやつた。宿役人へ引渡して聞たら、酒乱だといつた。

小林隼太・小野兼吉

五四　十一月はじめに江戸へ帰つた。夫からまた〳〵他流〔試合〕へあるきさわいだが、本所の割下水に、近藤弥之助といふ剣術者師匠がいたが、夫が内弟子に小林隼太（はやた）といふやつがあつたが、大のあばれ者で、本所ではみんながこわがつた。

或時、小林が智恵をかつて、津軽の家中に小野兼吉といふあばれ者が、おれの所へ他流をいゝこんだ。其時は内に居た故、呼入て、兼吉に逢たが、中西忠兵衛が弟子で、其内二、三とはさがらぬ遣ひ手だと、元より聞ていた故に、いろ〳〵はなしをしていると、兼めが大そうな事斗りぬかし、手前の刀を見せて、長ひのを高慢をいゝおるから、聞ていたら、「十万石の内にて、この位の刀をさす者〔が〕なゐ。私斗りだ」といふから、刀を取て見たら、相州物にて、二尺九寸ある故ほめてやつたら、猶々高慢をぬかすから、そこでおれの差料を見せたが、平山〔子龍〕先生より貰た三尺二寸の刀故、兼吉めが大きにひるみおつたから、つけこんで高慢をいゝ返してやつた。

　夫から、「試合をしよふ」といつたら、なんとおもつたか、「今日は御免」とぬかしおる故、日限を約束して、兼吉の所へ行つもりにして、下谷連へいつてやつたら、四、五十人ばかり集た故、兼吉方へ手紙を書せてやつたら、「たゞ今屋敷へ来る」とて返事はよこさず、まつていたら近藤の弟子の小林めが肩衣なんどきおつて、おれの所へ来て、いろ〳〵あつかひを入て、「兼吉にわびをさせるから了簡しろ」といふ故、急度(きつと)根(念を押)をしたら、「此後、万一、兼吉がおまへ様をかれこれいつたら、私が首を献じます」といふから免(ゆる)してやつた故、本所は大概おれの字(あざ)になつた。

樽屋三右衛門

五六　此年、芝の片山前に居る湯屋が、向ふ町へ転宅をすることにて、仲間もめがして、山内(さんない)の坊主が町奉行の榊原へ頼んでやるといつて、金弐十両とつたが、元よりうそ故に、其湯屋がほんとうにして、右の趣を、奉行所へ願書にして出したら、奉行所でいふには、「湯屋は樽屋三右衛門の懸りだから差越(さしこし)願ひだ」とて取上ぬ故、大きにこまつた。

中野清次郎といふ者がおれに頼んだから、「幸ひおれが従弟の女が、樽屋へよめにいつて入(いる)から、其親父の正阿弥といふものは心安ひから、頼んでやろふ」といつたら、悦(よろこん)で、其の株主を連て来たから、おれが正阿弥の処へいつて、訳をだん〳〵咄て、夫より樽屋へもいつてやつたが、樽屋が承知して、奉行所より願書を下げて、惣(双)方利害をいつて聞(きか)して、其湯屋が向ふへ引越したが、嬉しがつて、其礼に樽屋へ三十両、正阿弥へ二十両、おれに四十両くれた。其の株は酒井左衛門の用人のめかけがもつているといゝおつた。湯屋は向ふへ普請をすると、八十両株が高くなる、と清次郎がはなした。

五六　此年、又々兄と越後蒲原郡水原(すいばら)の陣屋へいつた。六万八千巡見したが面白かつた。越後には支配所の内には大百姓が居る故、いろ〳〵珍しき物も見た。反物・金をもたんと貰つて帰つた。

再び小林隼太がこと

五七　夫から江戸へ帰つたが、近藤弥之助の内弟子小林隼太が、男谷のほうへ替流(かえりゅう)して、力んだが、あばれ者故にみんながこはがつて、あやまつているから、相弟子共を馬鹿にしおる故に、おれにも咄しがあつた故、隼太めを目を見せんと思つていたが、久敷(ひさしく)風を引て寝て居たから、夫なりにしておゐた。

或日、少し気ぶんがいゝから、寒稽古に出たら、小林も来ていて、「勝様、一本願ひたい」とぬかすから、「見る通り、久しく不快でいまに月代もすらず居る位だが、せつ角の事だから、一ぽん遣ひましやう」といつて遣つたが、先(まず)弐本つゞけて勝つたら、小林が組付いたから、腰車に掛てなげてやるとあおのけにたおれたから、腹を足にておさへて、のどをつゐてやつた。

其時、小林が起上り、面を取っておれにいゝおるには、「侍を土足にかけて済(すむ)かすまぬか」とぬかすから、「是は貴公の言葉にも似ぬ、いゝ事かな。最初の立相(たちあい)に、未熟故、差図をして呉ろと御申故、侍の組打は勝(かつ)とかよふの物だと仕形をして見せたのだが、いゝぶんはあるまい」といつたら、「御尤(ごもっとも)。一言もござりませぬ」といゝおつた。

夫から、おれをやみ打にするとて付(つけ)おつたが、時々油断を見ては夜道にてすつぱ抜(ぬき)をしてきりおつたが、時々羽織なぞ少しづゝ切つたが、きづはつけられたことはなかつた。夫からいろ〳〵しおつたが、おれも気を付ていた故に、或時、暮に親類へ金をかりにいつた時に、道の横丁より小林が酒をくらつた勢ひで、おれが通るといきなりはなの先へ刀を抜てつき出た。

昼だから往来の人も見ている故、其時おれがわざと懐手(ふところで)をしていて、「白昼になまくらを抜てどふする」といつたら、小林が、「此刀を買いましたが、切〔れ〕るか切れぬか見て呉ろ」といふから能見て、「骨位はきれるだろふ」といつたら鞘へ納めて別れた。人が大勢立留て見ていた。古今のめつぽふけい〔滅法界〕者だ。

五八　十八の年に、身躰(代)を持(もつ)て、兄の庭の内へ普請をして引移つた。其時、兄から借金三百両ばかりの証文と家作代を家見に呉た。親父よりは家財道具を一通り貰つたから、無借になつてうれしかつた。いろ〳〵の居候者が多く来おつたから、幾らもおひたから、ぢきに借金が出来たよ。

十九歳のころ

五九　十九の年、正月稽古始に男谷の稽古で、東間陳助と平川左金吾と大喧嘩をして、互ひに刀を持てけいこ場へ出てさはいだが、其時もおれが引分てよふ〳〵和睦させた。

六〇　此年より、諸方の剣じつ遣ひを、大勢子分のよふにして、諸国へ出したが、みんなおれが弟子だといつてあるく故、名が広くなつて来た。

夫から、本所中のいゝ顔をしているのらくら者を不レ残退治して、みんながおれが差図に従つた故、こわゐ者はなくなつたが、夫には金もいるし、つき合が〔張〕はつたから、たいそう借金ができた。

六一 また他流試合を商売のよふにして、毎晩けんくわにみんなを連れてあるいた。或とき平山孝蔵(行)といふ先生へもいつて、いつも〳〵和漢の英雄のはなしをきゝては、みんなをしこなしていた。

夫からいろ〳〵馬鹿斗りしていたから、身上がわるくなつて来て、借金がふへる斗り。しかたがなゐから、できない相談で、むやみに借金をしていたが、二十一の年には一文もなくつて、しよふがなかつたから、さし料の刀は、終屋(おわりや)久米右衛門といふ道具〔屋〕より買つた盛光の刀、四十一両で買た故、夫を売(うろう)かとおもつたが、夫も惜しいからよしたが、逢対(あいたい)にいくにも着たまゝになつたから、気休めに吉原へいつた。

二十一歳・再び出奔

六二 親が呉た刀やらいろ〳〵質におゐて、相弟子へも金を借り、いろ〳〵して漸々三両二分ばかり出来たを持て、そのばんは吉原へいつて、翌日車坂の井上のけいこ場へゆき、剣術の道具を一組かりて、直に東海道へかけ出した。

其日は無極に（この上もなく）歩行て、藤沢へ泊て、朝七つ（四時）前に立て、小田原へいつて、先年世話になつていた内の喜平次を尋ねていつたが、喜平もこじきが侍にばけて来たものだから、はじめは不審したが、喜平の内を出た亀だといつたら、漸々思ひ出して、いろいろ酒なぞふるまつたが、三百文ぬすんだことをいゝ出して、金を弐分弐朱やつた。外に酒代を弐朱出して、以前船へ一所に乗つた野郎共をよんで、酒を呑して、今は剣術遣ひになつたことを咄て笑つたら、みんなが肝をつぶしていた。「今晩はぜひとも泊れ」といつたが、江戸より追手が来るだろふとおもつたから、そふ〳〵別れて、そこを立て、箱根へかゝつた。喜平次と外三人斗り三枚橋までおくつて来たから、そこより返して、漸々関所へかゝつたが、手形がなゐから、関所の椽がわへいつて、剣術修業に出し由申、「御関所を通ふし被下」といつたら、「手形を見せろ」といふから、そこでおれがいふには、「御覧の通り、江戸をあるく通りのなり故、手形は心づかず。けいこ先より風とおもひ付て、上方へ修業にのぼり候。雪踏をはき候まゝ旅支度もいたさず参りし事故、あいなるべくは御通し被下候様に」といつたら、番頭らしきがいふには、「御大法にて手形なき者は通さず。しかし御手前の仰せの如く、御修行とあれば無余儀故、御通し可申。以来は御心得可レ被レ成（なさるべし）」といつた故、「かたじけなゐ」とて、夫から関所をこして、休んでいたら、跡よりきた商人がいゝおるには、「今、私が御関を通りましたが、おまへさまの噂をしてござつたが、今通つた侍は飛脚でもないが藩中でもなし、なんだろふとて噂をしていました」といふから、「其筈だは。おれは殿様だから」といつてやつた。

二三 山中で日が暮れてから宿引めが、「泊れ」とてぬかしたがとふ／＼がまんで三島までいつたが、四里が間（あいだ）、五月廿九日の日（だ）から、真闇がりでなんぎした。雪駄をぬいで腰へはさみ、漸々夜の九つ（十二時）時分三しまへ来て、宿へかゝつて戸をたゝき、「泊て呉ろ」といつたら、「当宿は韮山さまから御触れで、ひとり旅は泊ぬ」といふから、問屋場へ寄て、起して宿をたのんだら、そいつがいゝおるには、「問屋が公儀の御触れはやぶられぬ。差図はい（で）きぬ」ときめるから、そこでおれがいふには、「海道筋みしま宿にては水戸のはりまの守が家来はとめぬか。おれは御用の儀があつて、遠州雨の宮へ御祈願の使にゆくのだが、しかたがなゐから、是より引返して、道中奉行へ屋敷より掛合う故、夫迄は御用物は問屋へ預けおくから大切にしろ」と（い）つてけいこ道具を障子越しになげこんだ。そふすると、役人共がきもをつぶし、起て出おつて、土に手をつきおつて、「はりま様とは不レ存（ぞんぜず）、不調法恐入つた」といろ／＼あやまるから、図に乗て、「荷物はあづけるから、急度（きつと）受取りをよこせ」

といつたら、こまりおつて、外に二、三人も出てはゐつくばり、「いかよふにもいたしますから、まづ〳〵宿屋ゑ少しの内いつて休足して呉ろ」といふから漸々、「案内」といつたら脇本陣へ上げおつて、だん〳〵不調法の訳をわびしおり、飯を出したから、猶々やかましくいつたら、人に人(ママ)が重ねて、「当宿の宿役人が不ㇾ残しくじるから、何分にも勘弁しろ」といふから腹が[癒]いた故、ゆるしてやつた。そふすると酒肴をだして馳走しおつた。其時、「書付をよこせ」といつたら、夫にこまつて、夫も出すまいといつた故、又々引くり返してやつたら、金を壱両弐分出して、又々あやまりおつた故、金がおもひよらず取れる故済(すま)してやつた。

その内に夜が明けかゝつたから、寝づ(ず)にみしまを立たら、道中かごを出したから、先の宿まで寝ていつた。其はづ(ず)だ。けいこ道具へ、箱根を越(こす)と「水戸」といふ小ゑふ(絵符)を書てさしておゐたものだからうまくいつたのだ。

切死の覚悟・こわいものなし

六四 おれがおもふには、是からは日本国をあるいて、なんぞあつたら切死をしよふと覚悟して出たからは、なにもこわひことはなかつた。

夫からだん〳〵いつて、大井川が九十六文川になつたから、問屋へ寄て、「水戸の急ぎの御用だから、早く通せ」といつたら、そう〳〵人足が出て、「大切だ」、「はりま様だ」とぬかして、壱人まへはらつて、おれは蓮台でこし、荷物は人足が越したが、水上に四人ならんで水をよけて通ふしたが、こゝろもちがよかつた。

夫から遠州の掛川の宿へいつたが、昔帯刀(たてわき)を世話したことを思ひ出したから、問屋へいつて、「雨の森〔ママ〕の神主中村斎宮(いつき)まで水府の御祈願の事で行くからかごを出せ」といふと、直にかごを出して呉たから、乗つて森の町といふ秋葉海道の宿へいつた。宿でかご人足に聞たら、旦那は水戸の御使で中村さまへいかしやるといつたら、壱人かけ出して中村へゆきおつたが、ほどなく中村親子が迎ひに出てきたから、おれがかごから顔を出したら、帯刀がきもをつぶして、「どふしてきた」といゝおるから、「内へいつてくわしく咄そふ」とて帯刀の座敷へ通りて、斎宮へも逢たが、江戸にて帯刀が世話になつたことを厚く礼をいゝおる。

遠州森町の逗留

六五　夫からおれが江戸の様子をはなして、「思ひだしたから逢いにきた」といつたら、親子が悦(よろこん)で、「まづ〳〵ゆる〳〵と逗留しろ」とて、座敷を一間明(あけ)て、不自由なく世話をして呉たから、近所の剣術遣ひへ遣ひにゆくやら、いろ〳〵すきのことをして遊んでいたが、其内弟子が四、五人出来て、毎日〳〵けいこをしていたが、しよせんこゝにながくいてもつまらぬ故、上方へゆかふと思つたら、長州萩の藩中に城一宗馬といふ修行者がきたから、試合をして、宗馬が諸々歩行(あるい)た所を書写している内、宗馬が不快で六、七日逗留をしたゐといふから、泊つている内はたゝれず、いろ〳〵と支度をしたら、斎宮が或晩色々異(意)見をいつて呉て、「江戸へかへれ」といふから、「最早けつして江戸へはかへられず。此度で、二度まで内を出た故、夫は忝(かたじけな)ゐがきかぬ」といつたら、「そんなら今あついさかりだから、七月末までいろ」といふ故、世話にもなつたからふりきられもできぬから、向ふのいふ通りにしたら、悦で猶々しんじつにして呉た。

毎日〳〵外村の若ひ者が来てけいこをして、その跡では方々へ呼れていつたが、きものはでき、金も少(すこし)は出来て、日々入用のものは通ひ帳が弟子よりよこしてあるから、たゞ買て遣うし、こまることもなく、そこより七里脇に向坂といふ処に、さぎ坂浅太郎といふがいるが、江戸車坂井上伝兵衛の門人故、江戸にてけいこもしてやつたもの故、そこへ度々いつて泊つていたが、所の代官故に工面もいゝから、おれがことはいろ〳〵して呉(くれ)、夫故にうか〳〵として七月三日まで帯刀の内に逗留していたが、或日、江戸より石川瀬兵衛が吉田へくる序(つい)でに、けふこゝへ寄るといふから、座敷のそうじをしていたら、おれが甥の新太郎が迎ひにきおつたから、夫からしかたなしに逢たら、「おまへの迎(むかえ)に外の者をやつたら、切りちらして帰るまいと、相談のうへわたしがきたから、是非とも江戸へ一度帰りての上、どふともなされ」といろ〳〵ゆふし、斎宮も種々いけんをいふから、一所に江戸へ帰る〔こと〕にした。

翌日、斎宮方を立て、だんだん帰るうち、みしまの宿で甥が気絶して大さはぎをやつたが、よふ〳〵気が付て、夫から通し籠駕(ママ)で江戸へ帰つたが、親父も兄もなんにもいわぬ故、少し安心して内へいつた。

六六 よく日、兄が呼びによこしたからいつたら、いろ〳〵馳走をした。夕方、親父が隠宅から呼にきたからいつたら、親父がいふには、「おのし(ぬ)は度々不埒があるから先(まず)当分はひつ足(逼塞)して、始終の身の思安(案)をしろ。しよせん直には了簡はつく物ではないから、一両年考て見て、身のおさまりをするがいゝ。兎角、仁は学問がなくつてはならぬから、よく本でも見るがいゝ」といふから内へ帰つたら、座敷へ三畳のおりを拵(こしらえ)て置て、おれをぶちこんだ。

二十一歳から二十四歳まで（檻の中）

六七 それから色々工夫をして一月もたゝぬうちおりの柱を二本ぬけるよふにしておゐ

たが、能々考へた所が、みんなおれがわりいから起きたことだ、と気がつゐたから、おりの中で手習を始めた。

夫からいろ〳〵軍書の本も毎日見た。友立が尋てくるから、おりのそばへ呼で、世間の事を聞てたのしんでいたが、廿一の秋から廿四の冬迄、お理の中へはゐ〔つ〕ていたが、くるしかつた。

六　其内、親父より度々書取にしていけんをいつて呉た。其時、「いん居をして、息子が三つになるから、家督をやりたゐ」といつたら、「夫は悪い了簡だ。是まで種々のふらちがあつたから、一度は御奉公でもして、世間の人口をもふさぎ、養家へも孝養をもして、其上にてすきにしろ」と親父がいつてよこしたから、「尤のことだ」とはじめて気が付た故、出勤がしたいと兄へいつたら、「手前が手段で、勤道具・衣服も出来るなら、勝手にしろ。おれはいかひこと手前にはいり上たゆへ、今度は構ぬ」といつた故、其時はおれが頬の下にはれ物がしていて寝ていたが、「少も苦労をかけまい」といふ書付を出して、おりを出て、よく日、拝領屋敷へいつて、家主へ談じて、金子弐拾両かり出して、いろ〳〵入用のものをのこらず拵て、十日めに出勤した。

就職運動に成功せず

六九　夫から毎日〳〵上下(かみしも)をきて、諸々の権家を頼んであるひたが、其時、頭が大久保上野介といゝしが、赤坂喰違外(くいちがいそと)だが、毎日〳〵いつて御番入をせめた。夫から以前よりいろ〳〵悪ひことをしたことを不ㇾ残書取て、「只今は改心したから見出してくれろ」とていつたら、取扱が来て、「御支配よりおんみつをもつて世間を聞糺すから、其心得にていろ」といふから、まつていたら、頭が或ときいふにや、「配下のものはなにごともかくすが、御自分は不ㇾ残行跡を申聞た故、処々聞合(ききあわせ)た所が、いわれたよりは事おゝきい。しかし改心して満足だ。是非見立やるべし。精勤しろ」といふから出精して、合にはけいこをしていたが、度々書上にもなつたが、とかく心願ができぬからくやしかつた。

本所割下水・刀剣の売買

七〇　此年、親父や兄へいゝ立て、外宅をして、割下水天野左京といつた人の地面をかりて、今迄の家を引たが、其時居所に困つたから、天野の二階をかりていた内に、俄に左京が大病にて死だ故、いろ〳〵と世話をしたが、其内に普請もでき、新宅へ移り居ると、左京方にては跡取りが二歳故、本家の天野岩蔵といふ仁が、久来の意趣にて、家督願ひの時、六(むず)かしくいゝ出して、左京の家をつぶさんとしたから、いろ〳〵もめて片付ず、其時おれが本家とは心安ひからいろ〳〵なだめ、とふ〳〵家督にさせた故、天野の親類が悦(よろこん)で、なを〳〵跡のことを頼みおつたから、世話をして居る内、左京のおふくろが不行跡で、やたらに男ぐるひをしをつて、不断そうどふしてこまるから、せつかく普請をしたが、其家を売て外へこそふとおもつて、左京の子金次郎が頭向(かしらむき)へいゝ出したら、その取扱がいふには、「今おまへにゆかれると跡は乱みやくになるから、壱両年いて呉ろ」といふからいたが、ひとのことはおさめても、おれが内がおさまらぬからこまつていたら、或老人がおしへて呉たが、「世の中は恩を怨(うらみ)で返すが世間人のならいだが、おまへは是から怨を恩で返して見ろ」といつたから、其通りにしたら、おひ〳〵内も治つて、やかましいばゝあ殿もだん〳〵おれを能してくれるし、世間の人も用ひてくれるから、それから人の出来ぬ六ケ敷ひ(むずかしい)相談事、かけ合、其外(そのほか)何事にかぎらず、手前の事のよふに思つてしたが、しまへ(い)にはおれにはむかつたやつらが、だん〳〵従て来て、「はゐ〳〵」といゝおる。これもかの老人がたまものとうれしく、同流の剣術遣がふらち又は遣込(つかいこみ)してとほふにくれているものは、それ〳〵少しづゝ金を持せて、諸方へ遣し、身の安全をしてやりしが、幾人か数もしれず、其後おれが諸国へいつた時、いかゐ事とくになつた事がある。歩行た所で、おれが名をしつていて、世話をしたつけ。

七二 天野の（ママ）が地面にいる内も、とかく地主の後家が事でむづかしいこと斗りがいでゝこまつたから、三年目に同町の出口鉄五郎が地面へ家作があるから引越たが、この鉄五郎が惣（総）領は、元より心易かつたが、いろ〳〵内をかぶつたときに世話をやひてやつた故、其ばあ様が是非地面へこひといふからいつた。此年、勤の外には諸道具の売買をして内職にしたが、始は損ばかりしている内、だん〳〵なれてきて、金をとつた。始は壱月半ばかりの内に五、六十両損をしたが、毎ばん〳〵道具やの市に出たから、随分徳がつゐた。

父の死

七三 なんにしろ早く御勤入をしよふとおもつた故、方々かせいであるひていた内に、男谷の親父が死んだから、がつかりとして、なにもいやになつた。しかも卒中風とかで、一日の内死んだから、其時はおれは真崎いなりへ、出稽古をしてやりにいつていたら、内の子侍が迎ひにきたから、一さんにかけて親父の所へいつたが、もはやことが切れた。夫からいろ〳〵世話をして、翌日帰つ〔た〕。毎日其事にかゝりていた。息子が五つの時だ。夫から忌命があいたから又々かせいだ。

うらだな神主、吉田兵庫のこと

七三　この年十月、本所猿江に、摩利支天の神主に、吉田兵庫といふものがあつたが、友達が大勢此弟子になつて神道をした。おれにも弟子になれといふから、いつて心易くなつたら、兵庫がいふには、「勝様は世間を広くなさるから、私の社へ亥の日講といふを拵て被レ下ませ」とて頼だから、壱ケ月三文三合の加入をする人を拵たが、剣術遣ひはいふに及ず、町人百姓までいれたら、二、三ケ月の中に百五、六十人ばかり出来たから、名前を持て兵庫にやつたら、悦で受とつた。

夫から壱年半かゝ〔つ〕たら五、六百人になつた。全くおれが御陰だから、「当年は十月亥の日に神前にて十二座幷跡でおどりを催して、神いさめをしたゐ」とてたのむから、先づ構中の世話人を三十八人こしらいた。諸々へ触て、当日参詣をして呉ろ、といつてやり、其日には皆々見聞のためだから世話人は不レ残御紋服を来てくれろ、といふから、その通りにしてやつたら、兵庫はしやうぞくをきてでた。

だん〳〵参詣も多く、始めてこのよふなにぎやかなことはないとて、前町へはいろ〳〵商人が出ていた。夫から構中がだん〳〵来ると、酒肴で跡で膳を出して振まつていると、兵庫めがいつか酒に酔て居おつて、西の久保で百万石ももつた面をしおり、おれが友達の宮川鉄次郎といふに太平楽をぬかしてこき遣ふ故、おれがおこつてやかましくいつたら、不法の挨拶をしおる故、中途でおれが友達をみんな連て帰つた。

そふすると外の者がいろ〳〵あつかひをいつてあやまるから、おれがいふには、「ひつきようは此構中はおれが骨折故出来たを、難レ有(ありがたく)もおもわなひと見へて、太平楽をぬかすは、ものをしらぬやつだから、構中をばぬけるからそふいつて呉ろ」といつたら、大頭伊兵衛・橋本庄兵衛・最上幾五郎といふ友達が、「尤(もつとも)だが、折角出来たのに、おまへがことわると皆々断る故、兵庫も今更後悔してあやまるから、ゆるしてやれ」と種々いふから、「そんなら以来は御旗本様へ対し慮外致すまいといふ書付をいだせ」といつたら、「どのよふにもさせるから」といふゆへ、宮川　幷(ならびに)　深津金次郎といふ者と一所に兵庫の所へいつた。

そふすると大頭伊兵へ(衛)が道まで迎にきていふには、「おまへがおいりには兵庫は狩衣をきて門まで御迎(おむかえ)に出る。それから座敷へ出て、昨日の不調法をわびさせるから、挨拶をしてやれ」といふから、「聞届(ききとどけ)た」といつたら、「それからは構中が不レ残出て、馳走するから、跡では決して右の咄しはしてくれるな」といふから、おれがいふには、「夫は不レ残承知したが、外の者へ能〳〵口留をしなさへ(い)。若(もし)もきのふの咄しをしたやつが有ると、其時は世話人がうそつきになるから、片はしより切て仕舞つもりで来たから、能々いゝきかしておきなさるがいゝ」とて情をこめて帰した。間もなく兵庫が宅へいつたら、同人が迎ひに出るし、世話人も不レ残玄関まで出たから、座敷の正面へ通つたら、刀かけにおれが刀をかけて皆々座敷に付た。

兵庫も出て、おれに、「昨日は酒興の上、不礼の段々恐入た。已来つゝしみ可レ申(もうすべき)」由、平伏していゝおるから、おれがいふには、「足下(そっか)は裏だな神主なる故、何事もしらぬと見へる。御旗本へ対して不礼、言語同(道)断故、咎めしなり。講中やう〳〵広くならんとする時に、最早心におごりを生じし故、右の如く不礼有り。随分慎み取続くよふに」とて、夫から一同がおれにいろ〳〵機げんを取てもてなしたが、酒がきらい故に、人々酔てさわぐを見ていたら、兵庫の甥に大竹源太郎といふ仁があるが、おれがうらだな神主だといつたを聞おつて腹を立て、きのふのしまつを宮川をだまして聞おり、「小吉はいらぬ世話をやく。宮川のことに、伯父に大勢の中で恥をかかしおつた。是からはおれが相手だ。さあ小吉でろ」と〔い〕つて、其身御紋服をきながら、はち巻をして、片はだぬぎて、座敷へ来る故に、しらぬ顔して居たら、直におれが向(むこう)へ立て、じたばたしおるから、おれがいふには、「大竹は気が違ふたそふだ。雑人(ぞうにん)の喧嘩を見たよふに、はち巻とはなんのことだ。武士は武士らしくするがいゝ。此方は侍だから中間小者のよふなことはきらいだ」といつたら、「ふとゐやつだ」とて、汲(吸)

物ぜんを打付たから、おれがそばの刀を取て立上り、「契約を違ひてたわ言をぬかす〔は〕兵庫が行届ざるからだ。ことに甥が手向ふからは言合たに違ひは有まいから、のぞみどおり相手になつてやろふ」とていつたら、大竹が、「くそを食へ」とぬかしたから、大竹より先へ切つはなしてくれよふとおもい、おつかけたらみんながにげ出した。

夫から兵庫が勝手の方へ大竹もにげたから、おゐ行と、おりわるく兵庫がなん戸へおれがはゐ〔つ〕たから、大勢にて杉戸を〆ておさへているから、出ることが出きぬ。大竹は恐て丸腰でうぬが屋敷の伊予殿橋まで帰た。夫から大勢が杉戸へ来て色〳〵といふから、ゆるしてやつたら、「大竹と和ぼくして呉ろ」とい丶おるから、大竹が不礼のことをとがめたら、いろいろあつかひがはゐつて、殊には大竹がおふくろがなゐてわびたから、伊与(予)橋へ呼にやつて、源太郎が来たから、だん〳〵酒酔の上恐入たとて、「殊更相支配ゆへに何卒御支配向へははなしをしてくれるな」とて和ぼくをした。

それから酒がまた出て、大竹がいふには、「一ぱい呑め」といふから、「酒は一かふ呑(のま)ぬ」といつたら、「夫はまだ打とけぬからだ」とぬかす故、盃をよふ〳〵取(とつ)たら、「汲物わんで呑(のめ)」とみんながいふ。かんしやくにさはつたから、汲物わんで一ぱゐ呑だら、大勢寄て、「今一ぱゐ」とぬかす。夫からつゞけて十三ばゐ吞だ。跡のやつらは酔ていろ〳〵不作法をしたから、おれは其席では少しも間違たことはしなかつた。兵庫が籠駕（ママ）を出したから乗て、橋本庄右衛門が林丁の内迄来たが、夫からは何もしらなかつた。内へ帰つても三日ほどはのどがはれて、飯がくへなかつた。翌日みんなが尋て来て、兵庫が内のよふすをいろ〳〵はなした。其とき橋本と深津は跡へ残ていて、「以来は親類同様にしてくれ」といふから、両人が起証文を壱通づゝよこしたが、夫からなを〳〵本所中がしたがつたよ。

兵庫が胸が悪いから講中も断てやつた。其時おれが加入した分は、不レ残断た故、だん〳〵すくなくなつてつぶれたとよ。

殿村南平について修行

七四　或時、橋本庄右衛門へ妙見へ参詣の帰り懸（がけ）にいつたら、殿村南平といふ男が来ていたから、近付（ちかづき）になつたが、其男がいふには、「おまへ様は天府（てんぷ）の神を御信心と見へまするが、左やうで御座舛（ございます）か」とていふから、「年来妙見宮を拝す」といつたら、「左様で御座舛。御人相の天帝にあらわれております」といゝおる。夫からいろ〳〵咄しをして居ると、奇妙のことを種々はなすから、能（よく）聞いたら、両部の真言をするといふから、面白ひ人だとおもつていたら、橋本が親類の病人の事を聞いたら、「夫は死霊がたゝる」といゝおる故、其訳を聞いたら、「其死霊の者は男だ」と〔い〕つて、年恰好、其時の死よふまでつぶさに見たよふにいふから、橋本に聞たら、其通りだといふから、大きに恐れて、「弟子になりたい」と頼だら、「随分法をおしへてやろふ」と挨拶するから、内へ連てきて、其晩は泊た。

夫から真言の事をいろ〳〵教て、「先づ稲荷を拝め」とて其法をも教た。病人の加持の法又は摩利支天の鑑通の法、修行の術、種々二ケ月斗りに不レ残教て呉た。夫から此南平へ、そぼろのなり故、いろいろ入用をかけ、謝礼いろ〳〵、壱年半斗りに四、五十両かけた。本所でも大勢弟子が出来て、しまへには、みろく寺の前の小倉主税といふ仁の屋敷へ住でいた。日々病人其外の加持祈禱をし、御番入の祈禱や、何やいろ〳〵諸方より頼たが、おれが始見出した故に、南平も悦で、おれのことはいろ〳〵骨折をしてくれた。

またまた小林隼太のこと

七五 近藤弥之助の内弟子の小林隼太も、とふ〳〵おれが家来になつたから、毎日〳〵きていろいろと奉公をしたが、内がなゐ故、浅草の入谷はかなりの家作が有から、買てやつて、剣術仲間へ頼で、稽古場を出してやつて、下谷むれがひいきにして呉た故、内職には大小のうり買ひをしていたが、しまいには金廻りがよくなつて、不断身上の世話をしおつたが、わるがしこひやつで、仲間はみんながいろ〳〵はぐらかされた。

江戸を三度借り倒して、三州へいきおつたが、おれにはいつでもはなしてにげた。又江戸へ出ると、いつでもおれが手紙を付て、仲間中へ借り倒しの詫びをしてやると、みんなが損をしたことはそれなりにして呉た。

とふ〳〵七、八十両あびせて、三州へいきおつたが、今に帰てこぬが、三州でどふか人間になつたといふことだ。夫はおれが銚子へいつた時、向ふじまの兼といふ男に聞た。

兼が遠州の秋葉へ参詣したときに、鳳来寺にて逢たと。其時は奇麗のなりでいたと。おれのはなしをして、二時（ふたとき）ばかり休んでいて別れたと聞いた。

寄せ加持

七六　或日、小倉主税の宅で神田黒門町の仕立屋に逢たが、こいつはかげ富の箱見をするやつだが、おれが懇意の徳山主計（かずえ）といふ仁が、至つて富が好で、南平に富を頼だ故に、「きよふは富の日だから寄加持をする」といつて、主税の宅へ大勢其むれが寄てきて、寄かじをはじめよふとする時、おれがしらずにいつたら、大勢揃ているから、容子を聞たら右の次第を咄す故、其席にいて始終の様子を見たら、南平が女を呼で、種々祈て、護摩をたいてから、女の中座に帛束を持せて、神いさめをして、少し過ると、女が口ばしりて、「今日は六の大目、富は何番〳〵がいゝ」といふ故、一同がうれしがつた。

夫から上げて仕舞から、南平へおれがいふには、「始て見て恐入た。然、是は随分出来る事だろふ」といつたらば、仕立屋めが直に口を出して、「勝様が仰では有が、中〳〵よふゐには寄加持は出来ぬ。其訳はことごとく法が有る」といゝおるから、「夫は尤だが、能つもつて見ろ。南平は何国の馬の骨だかしらなゐが、あの通りするが、おれは生れながら御旗本で身分も尊し。其おれが一心を真誠にして寄たら、神は速に納受が有ろふと思う故にいうのだ。南平に聞くに、おのしが出すぎたことをいふとは失礼だ」としかつたらば、仕立屋がいふには、「夫はあなた様はごむりだ。神事には法といふ物が有ります」といろ〳〵ぬかす故、おれが座敷の真中へ出で、「まづ論は無益だから、手前は自分の前へ出て礼をしろ。ゆるすといわぬ内に手前が頭が上つたら、おれは直に手前の飯たきになろふから、さあこひ」といつたら、大勢がけんまくを見てとり、いろ〳〵挨拶するからは、夫は免したが、「なんにしろ夫程に出来よふと思ふなら、直に寄加持をして見ろ」といふから、水を浴して、先の女を呼で祈つたら、南平がした通りいろ〳〵口ばしりおつたから、仕舞てから、高慢をいつて内へ帰つたが、夫からみんなが南平へ頼むと金がいる故、おれにばかり頼だ。徳山の妹を、一度南平に寄て呉ろと主計が頼だら、「生霊が付て有から、二、三日その生霊を放さなければならぬ故、金五両ほどかゝる」といつたから、同人がおれに咄す故、三晩懸りて放してやつた。

夫から南平はおれを恨で、仲が悪くなつた。かけ富でも九十両、徳山と一所に取た。夫より十、二十位は幾度も取たことが有る。

行と断食

七 行はいろ〳〵したが、落合の藤いなりへ百日夜々参詣し、又は王子のいなりへも百日、半田稲荷へも百日、日参した。水行は、神前に桶を重て百五十日、三時づゝ行をした。しかも冬だ。其間には種々のことが有たが、こゝへはもらした。断食も三、四度したが、出来ぬといふことはないものだ。

刀の研ぎ・目きき・胴試し

七八　地主に代(は)官を先代より勤めた故、役所の跡があいている故に、水心子天秀といふ刀かじの孫聟に水心子秀世といふ男を呼で、役所の跡へいれて刀をうつ(ママ)た。又研屋(とぎや)に本阿弥三郎兵衛といふの弟子に、吉といふ男が、研が上手だからよんで、おれの住居を分て、刀を研して、おれも習た。

それより刀剣構(講)といふ物の事を工夫して、相弟子や心やすい仁に咄して取立て、秀世又は細川主税正義幷(ならびに)美濃部大慶直(なお)たね〔胤〕、神田の道賀、又は梅山弥曾八、小林真平、其外其時代の刀鑑へ不レ残刀剣構を取立てやつたが、或日千住へいつて胴をためしたが、夫から浅右衛門の弟子になつて、土段(壇)切りをして遊んだ。息子は御殿へ上つているから世話はなかつた。息子が七歳の時だ。

七九　地主が小高でびんぼう故、借金取が来てこまるといふから、引受て片を付てやつたが、夫から地面うちの地借りが九軒有たが、地代も宿賃もろく〱よこさぬから、みんなたゝき出して、おれが懇意の者を呼で置たから、其後は地代其外か届(ほ)(滞)かふらぬから、悦(よろこん)で、「やれやれ」いゝおつた。

葉山孫三郎のこと

(六) 地主が、或日、御代官を願うから異見をいつてやつたら、大きに腹を立て、葉山孫三郎といふ手代と相談をして、おれを地面を追出そふとしたから、葉山孫三郎が来た時に、山口へ入て御代官の勤め方をいつて、「おまへは最早五十余におなりなさるから、御代官は御止被レ成」といつたら、「なぜだ」といふから、「御代官になるには、先、始は千両ばかり入りて、夫からいろ〳〵家作も大破だから、弐百両余も入し、皆さんが支度にも百両と見て、若し支配へ引越でもすると百両余もかゝる故、弐千両の借金が出来から、其上に元〆がわるゐと引負もできて、どのよふに倹約をして勤めても、三十年は借金をぬくにかゝる故、子孫が迷惑して、其勘定が立ぬと遠流又は断絶になるから、決して働きのなゐ者が勤める役ではなゐ」といつたら内中が発て、「地面を返してくれろ」といゝおるから、地面中へ触て、不足の地代宿代を不レ残集めて、おれが懐へ入ていて、のき場所を見付るに、折悪く脚気にて久敷煩いていた故、あるくことができぬから、人に頼て、漸々江入町の岡野孫一郎といふ相支配の地面へ移たが、其時おれが地主へ地返すことの礼にいつて、「御代官になつたら五年は持まいから、どふぞ御心願が成就なす〔つ〕たら、ひくじらぬよふ専一に被レ成まし。それは言事が違つたら生きては御目にかゝらぬ」といつたら、「なぜだ」といふから、葉山の成立を荒増いつて帰つたが、案の定、四年目に甲州のさわぎでしくじり、江戸へいつて小十人組へ組入をしたが、三千両ほど借金が出来て、家も六ケ敷(むずかしく)、大心配をして、御負(おまけ)に、葉山はあがり屋へいつて三年ほどかゝつたが、気の毒だからおれが一度尋てやつたらば、「おまへの異見を聞(きか)ぬ故、かふなつたが、どふぞ家は助(たすけ)たゐものだ」といつて涙ぐんだから、かわいそふだから、だん〳〵と葉山が始末を聞て、甲州の郡代へやる手紙の下書を書て、「是を甲州へ遣してごろふじろ。大方、奇徳人がだまつてはいますまい。五百やそこらは出すだろふ」と教へてやつたら、きもをつぶした顔をして、早々甲州へ届けた。其後間もなく、六百両金ができたから、家は立たが、今は三十俵三人扶持だから困つている。江戸の掛屋にも千五百両斗りかりがある故、三人ぶちは向け切りになつている。夫故に子供が月々、今に、おれを尋ねてくれる。夫から、とふ〳〵しまいには、小普請入をさせられて、百日の閉門で済んだ。其時の同役は(ママ)井上五郎左衛門は、とふ〳〵改易になつた。葉山も江戸の構へを喰たよ。

麟太郎、犬にかまれる

八二 岡野へ引越してから段々脚気もよくなつてきてから、二月めにか、息子が九つの年、御殿から下つたが、本のけいこに三つ目向ふの多羅尾七郎三郎が用人の所へやつたが、或日けいこにゆく道にて、病犬に出合てきん玉をくわれた。其時は、花町の仕事師八五郎といふ者が内へ上(あげ)て、いろ〳〵世話をして呉た。おれは内に寝ていたが、知らして来たから、飛んで八五郎が所へいつた。

息子は蒲団を積で夫に寄かゝつていたから、前をまくつて見たら玉が下りていた故、幸ひ外科の成田といふがきているから、「命は助かるか」と尋ねたら、六ケ敷(むずかしく)いふから、先(まず)息子をひどくしかつてやつたら、夫で気がしつかりとした容子故に、かごで内へ連てきて、篠田といふ外科を地主が呼で頼んだから、きづ口を縫つたが、医者が振(ふる)へているから、おれが刀を抜て、枕元へ立て置て、りきんだから、息子が少しも泣かなかつた故、漸々縫て仕舞たから、容子を聞たら、「命は今晩にも受合はできぬ」といつたから、内中のやつはなゐてばかりいる故、思ふさま小言をいつて、たゝきちらして、其晩から水をあびて、金比羅へ毎晩はだか参りをして、祈つた。

始終おれがだゐて寝て、外の者には手を付させぬ。毎日〳〵あばれちらしたらば、近所の者が、「今度岡野様へ来た剣術遣ひは、子を犬に喰(くわ)れて、気が違つた」といゝおつた位だが、とふ〳〵きづも直り、七十日めに床をはなれた。夫から今になんともなゐから、病人はかんびよやう(ママ)がかんじんだよ。

尾張屋亀吉のこと

八二　親類の牧野長門守が、山田奉行より長崎奉行に転役したが、其月、水心子秀世がいゝ入つて、虎の門外桜田町の尾張屋亀吉といふ安芸の小差(こざし)が、牧野の小差になりたがつて、おれに頼んだ故、世話をしてやろふといつたら、金を五拾両持てきて、「是で牧野様が御好の者を買つて上て呉ろ」といふから、いろ〳〵牧野の息子へ品物をやつたが、一日おそくつて外の物(者)がなつたから、尾張屋は鼻があいた故、「気の毒だから残りの金をば返す」といつたら、「夫は水金(みずがね)でござり舛(ます)から御遣ひ被(なさ)レ成(れ)ませ」とて三十両ばかり呉た故、其後に久世がなつた故、世話をしてやろふとおもつて、呼(よび)にやつたら、亀吉は疾(とつく)に死んだといふから、夫きりにした〔つ〕け。

地主岡野孫一郎が不行跡

八三　地主の当主が道楽者で、或とき揚代(あげだい)が十七両たまつて、吉原の茶屋が願うといゝおつてこまつたが、不断だから誰も世話をしない故、おれに頼んだ。おれは昨今のことだから、しらず、金を工面して済(すま)してやつたが、其後も五両に壱分の利の金を七十両かりて、女郎を受(うけ)たが、皆済目録とかを代りにやつたとて、用人や知行の者がこまつている故に、またおれに頼んだから、諸方の道具屋より来ていた大小やら道具やらいろ〳〵魂胆をして、取かへしてやつたが、一ゑん（一向に）夫を返さぬから、おれがこまつて、諸方へだん〳〵と返したが、夫から万事金のゆふづうがわるくなつてこまつた。夫につき合(あい)がはるから、大迷惑をした。

其当分はいろ〳〵道具を売て、取つゞひたが、だんだん物がつきるから、しまいには武器を払つたが、年来たん精をして拵た物故おしかつたが、しかたもなゐ故、不レ残売つたが、拵るときの半分にもならなゐものだ。しまいには四文の銭にもこまつた。全く地主に立替た故だ。

　夫から或晩、地主のお前さまがしのんで来ていふには、「孫一郎がふしだら故に、家内中がこまるから、支配向へ談じて隠居させて呉ろ」といふから、取扱へもはなしたら、「おまへ様より証拠の文を取つてこゐ」といつたから、其事をはなして、文を取つて、長坂三右衛門へ見せたら、頭(かしら)の長井五右衛門へ始終をはなして、支配から「いん居しろ」といつて出たから、孫一郎もなんとも云事ができずにいん居したが、後の孫一郎は十四だから、みんなおれが世話をして、家督のときも壱所に御城へ連れて出た。先(せん)、孫一郎は隠居して江雪と改めて、剃髪した。

　夫から家事の事もみだらになつているから、家来に差図をして、取締方万事口入して、取極(とりきめ)を付てやつたら、程なく又〳〵隠居が岩瀬権右衛門と〔いう〕男を用人に入れて、いろ〱悪法をかゐて、権右衛門へ給金弐拾両に弐拾俵五人扶持やつて、好きの事をしおるから、内中が寄て頼む故に、頭沙汰にして、権右衛門を追出して、外の用人を入れた。其内に後の孫一郎のおふくろが死ぬ故、隠居がまた〱いろ〱もくろみをしたから、其時も其一件を片付てやるし、其後江雪が女郎を引受連て来た時も世話をして、柳しまへ別宅を拵てやつた。

夫から一年ばかり立て、江雪が大病故に、いろ〱世話をしたが、其時におれにいふには、「今度は快気はおぼつかなゐから忰の事は万端頼から、よめを取らして後、御番入をする迄は、かならず見捨ずに世話をしてくれ」といふから、「聞届」と挨拶をしたら、悦で、翌日死だから、又また世話をして、残り無く跡を片付たが、世間で岡野といふと誰れもよめの呉てがなゐから、麻布の市兵[衛]へ町の伊藤権之助が娘を貰てやつた。

おまへ様がいふには、「何も持て来てがなゐから何にも入らぬ」といふから、権之助へおれが掛合て、百両の持参で諸道具も高相応にして貰たから、知行所の百姓もきもを潰して、「私共が二、三年諸方へ頼て、奥様の事を骨を折たが、岡野と聞くと皆々破談になりましたが、御前の御蔭で殿様始一同安心して悦ます。殊には御持参金も有るし有難い」といゝおつた。

夫までは千五百石で道具が壱つなくつて、大小迄も逢対（あいたい）の度にかりて出る位だから、世間でくれなゐも尤（もっとも）だと思た。夫から普請が大破故、武州相州の百姓を呼出して、五、六日いろいろ理解をいつて聞（きか）して、四百両出して家作も直し、大勢の厄介の身廻りまで拵てやつた。

当主の伯父の、坊主でいた仙之助といふ男にも、地面内へ家作をして、妾まで持たしてやつたから、家内の者がおれを神さまのよふにいゝおつた。暮し方も二百両故、三百三十両の暮しにしてやつて、厄介へは夫々壱ケ年のあてがひを付て、稽古事でも出来〔る〕様にして、馬までかわし、千五百石の高位には少し過ぎる位にしてやつたが、なにをいふにも借金が五千両ばかりある故、持こらへが馬鹿の者にはできぬ。

貧乏から立ち直る

八四　おれは次第にびんぼうになるし、仕方がなゐから、妙見宮へむりな願をかけて、今一度困窮の直るよふにと百日の行をはじめたが、一日に三度づゝ水行をして、食をすくなくして祈つたが、八、九十日たつと下谷の友達が寄つて、久敷（ひさしく）おれが下谷辺へこなゐとて、なぜだろふといふと、おれの家来分の小林隼太が、「此比（このごろ）はびんぼふになつてよわつている」といつたら、みんなが、「気の毒な事だ。今迄いろ〳〵世話にもなるし、恩返しには少しでも無尽をして掛捨(かけずて)にしてやろふが、そふいつては取らぬから、勝を会主にするがいゝ」とて相談して、鈴木新次郎といふ井上の弟子の免許の仁が来て、おれにいうには、「今度、友達が寄て、遊山無尽を拵(こしらえ)るが、最早大がひは拵たが、おまへに会主をしてくれろといふからなつて呉ろ」といふ故に、「夫はよかろふが、此節は困窮して、仲々無尽所(どころ)ではなゐから断つてくれ」といつたら、「なんにしろおまへが断ると出来ぬから、加入しろ」といふ。「掛金も出来ぬ」といつたら、「夫でもいゝから」といふ故、「承知した」とて帰したら、二、三日立(たつ)と、また新次郎がきて、帳面を出して、金五両置いて、「此後は加入のひと〴〵がくる」といつて帰た故、全く妙見の利益と思て、夫から直に刀の売買をしたら、其月の末には□(ムシクイ)地の又兵衛といふ蔵宿の番頭が頼んだ備前の助包(すけかね)の刀を松平伯耆守へうつて十一両もうけたが、又兵衛もうなぎ代とて別に五両くれた。夫から毎晩、江戸神田辺、本所の道具市へ出てはもうけすることがよかつたから、だん〳〵金が出来る故に、諸々のこん意の物が困(こまる)〔者〕と聞くと助てやつた故、みんながひいきをして、色〳〵刀を持て来たから、素人より買からいつも損をしたことはなかつた。

道具の市にては、もおけの半分は諸道具屋へそばまた酒を買つて喰(くわし)た故、「殿様〳〵」といゝおつて、外の者が買ふものを持てくると、前広(まえびろ)に内通してくれる故に、いつも損をしなかつた。

かさ伏(ぶせ)の市には、功者のものにおれがかさをあけさせたから、見損じて、三匁の者をおれが壱分にも入(いれ)ると、かさあけがだん〳〵見て、「勝様は三匁五分」といふから、五分のそんだからよかつた。其替りには、いつも仕舞(しまい)には、そばをたとへ五十人来て一ぱゐづゝでも、ぜひくわせるよふにして帰したから、町人は壱文弐文をあらそふ故、みんなが悦で、諸々の市場にはおれが乗るふとんを一つづゝ拵へてあつた。

友達がくやしがつて、「いつもおまへは市では商人がはゐ〳〵いふがどふゆう訳だ」といふから、右の次第を咄したら、「夫ではそんだ」(余)と皆々いつたが、大そふとくになつた。夫から借金が、四十俵の高で、三百五十両ヨあるから、女郎を買つたと思つて、金の入度々(いるたびたび)だんだんと打こんだら、二年半ばかりに三、四十両になつた。こわゐものだ。

八五 なんでもほどこしが専一と心得て、近所は勿論、こまるといふ物(者)に夫々、其者が身に応じて、ほどこしたが、其せいか、きゝんの年には毎日〳〵日々に壱朱づゝ小遣にして遊んだ。

友達へも時の間を合してやるし、まいばん〳〵道具の市へゆくを勤めだとおもつて精出した。売物のブ市(〔分一〕)といふ物を、百文に付て四文づゝのけて見たが、三月の中に三両弐分ト葉(端)銭がたまつたから、刀を拵へた。

剣術道場の仲間

八六　剣術の仲間では、諸先生をぬけて、いつもおれが皆の上座をしたが、藤川近義先生の年廻(回)には、出席が五百八十余人あつたが、其時はおれが一本勝負源平の行司をした。赤石孚祐先生の年忌は、団野でしたが、行司取締はおれだ。井上の先(せん)伝兵衛先生の年忌にも、頼(たのまれ)て諸勝負の見分はおれがした。男谷の稽古場開にも、おれが取締行司だ。

其時分は、万事流儀のもめ合、相弟子口論、伝受の時の言渡し、多分おれ斗りしたが、団野は伝受の事は皆々おれに聞合た。おれが下知にそむく者はなかつた。大小の拵様幷(こしらえようならびに)衣服又は髪形まで、下谷・本所はおれの通りにしたが、奇妙のことだとおもつていたよ。

其時分ハ、諸々の道場が、至て儀定が立ていて、先生とハ同座同席ハ弟子がしなかつた。外の先生が来ると、直に高弟が出向ひて、刀を取りて案内をした。先生達も玄関迄迎ひに出たものだが、此頃は物が乱て、しらぬ顔でかまわぬが、いろ〳〵の容子になる物だ。稽古も、稽古場へ二組と極(きまつ)ていたが、夫もむちやになつて、幾組も勝負をするよふになつた。

秩父屋三九郎のこと

八七　通り町のちゝぶ屋三九郎といふものが、公儀の着地方、小遣ひものの御用達しだが、だんだん家がおとろへて来て、今はその株が外にもできて、一向に御用もたさずして困つている、と高田藤五郎といふ者がいふから、だん〳〵聞たら、此節末姫様が芸州へ御引移り故、右の御用がきゝたいといふ故に、おれが骨を折て、御本丸の御年寄の瀬山さんを頼で、末様の御引移りの時の師匠番くれなゐさんへ頼で、御用きゝにしてやつたが、其まへに心願ができたら、紅井（くれない）さんへ三十両、瀬山さんへも礼をする約速（束）故に、其事をいつてやつたら、紅井さんは大の欲ばり故、悦でちゝぶ屋へ貫（鑑）札を渡して、先七十両の御用を申渡た故、右の金をよこせといふから、三九郎へ咄したら、いろ〳〵なんじゆうをいゝおつて、始とは違ておれの内へもこぬ故、三九郎を呼で世話のへんがへ（変更）をした。

　そふすると最早御用も下るし、貫札を取上げはしまいとおもつていると、二、三日立と、貫札を取り上げられて、御用の物は不用になつたから、おれの処へかけ付て、夫婦できた。

いろ〱いゝおつたが、始末がかん気にさわつた故、夫なりにしていたが、四十両斗り損をして、其上に大火事に焼て、裏店へはゐつていると聞たが、世の中には三九郎のよふな者が今はいくらも有るから油断をすると、くらうものだ。

林町の次兄の家のこと

六六 おれが二ばんめの兄が御代官になつたから、先年、三郎右衛門へ八両かしたをかひさぬから、男谷で出合て大喧嘩をして、兄は其晩にげて帰つたが、夫から十年斗り絶交していたが、何とかおもつたと見へて、おれの所へ手紙をよこして、「久々逢ぬから近所へ来たら尋て呉ろ」といつて、かねを弐分よこしたから、亀沢町へいつて兄よめにはなしたらば、「先から尋ねたらゆくがよい」といふから、直にいつたら、家内出ていろ〱と馳走をして、是彼といふから、久敷無沙汰のだんをいろいろいつて、仲直り同様にして帰たら、また〱兄が女房より文をよこして、おれの妻へ礼をいつてよこした。

夫から不断尋てやつたが、てふど支配が大兄の支配した越後水原になつたから、国の風俗人気の事を聞くから、おれが元いつた時の容子をはなして、勤向の事も荒々知つた事ははなしてやつた。

其翌年の春、正月七日御用始の夜に、何者共知らずろふぜき者がはゐつて、兄の惣領忠蔵を切殺したが、其時早速に使をよこした故、飛んでいつたが、最早事がきれた。

翌日、心当りが有たから、小石川へいつたが、立退たと見へて知れぬから帰た。其内、大兄　幷（ならびに）近親共が来て相談して、おれに、「当分林町にいてくれろ」といふから毎晩毎晩泊ていた。昼は用が有から内へ帰つていて、其月の廿五日に検死がきて、廿九日には忠蔵の妻と兄が妻と、忠蔵の惣領毦太郎を評定所へ呼出しになつて、おれと黒部篤三郎といふ兄が三男が同道人になつて出たが、夫から其事で壱年の内月に二度位づゝ評定所へ出た。

或時、同所御座敷にて、大草能登守が与力神上八太郎といふ者と大談事をしたが、同所留主（守）居の神尾藤右衛門・御徒目付石坂清三郎・評定所同心湯場宗十郎等が中へいりて、だんだん八太郎が不礼のだんをわびるから、大草へもいわずに帰た。凡（およそ）壱時ばかりのこと、御座敷中が大騒動したが、いゝきびだつけ。相士の者は皆々振（ふる）へていおつた。

此年、次の兄が始て越後へゆく故に、留主（守）を預た。夫からおれが借金もぬけたから、少しづゝ遊山をはじめたが、仕舞にはいろ〳〵馬鹿をやつて金をつか〔つ〕たから困た。しかし借金はしないよふにした。林町の兄が帰たから、留主の内の事を書付て出してやつたら悦でいた。

此年、従弟の竹内平右衛門が娘を、おれの実娘にして、六郷忠五郎といふ三百俵の男へよめにやつた。忠五郎は元より弟子故、縁者になつた竹内の惣領三平が、此年御番入をしたが、くるしくつて出勤ができぬから、御断を申て引くといふから、おれがいろ〳〵工夫して、翌日登城させたら、大御番になつた。其親父が悦で、「一生此恩は忘ぬ」と、いつたが、後年いろ〳〵おれをはめおつた。

此暮、林町の松坂三郎右衛門が越後へゆく故、三男の正之助といふを気づかう故に、おれが異(意)見をして供に連てゆけといつたら、聞済て連て行積(つもり)になつたから、正之助へ供先の事をいろ〳〵と教て、御代官の侍は支配へ行くと金になるから、其心得を能含(よくふくめ)てやつたが、嬉しがつて、かの地より帰ると、礼をするといふから、其約速(束)で別たが、検見中心得のことも有から、夫を手紙に書て送たが、どふして取おとしたか、兄がひろつて江戸へ持て帰つて、大兄へ見せていろ〳〵おれを悪くいつたら、大兄が立腹して、おれを呼によこした。

亀沢町へいつたら、兄がいふには、「おの(ぬ)しはなぜに正之助へ智恵をかつていろ〳〵支配所の事を教た。不埒の男だ。其上に羅紗羽織きているが、なぜそんなにおごりおる」としかるから、おれがいふには、「正之助へ書状をやりし覚へはなく、羅紗のはおりは少高故に、見成（みな）りが悪ゐとゆうづうが出来ぬ故、無余義（よぎなく）〔儀〕きており舛」といつたら、「其外にも聞た事が有。此頃はもつぱら吉原はゐりをするよし。世間にてはおぬしが年頃にはみんなやめる時分に、不届の致方だ」といろ〳〵いふから、「御尤にはござ利舛が、是も矢張身上の為につき合に参ります」といふと猶々いかつて、「何事もおれに向て口答をする。親類がおれがいふことを誰もいゝ返すものはなゐに、おのし壱人ばかり刃向ふは不埒だ。今一言いつて見ろ。手は見せぬ」と脇差の柄へ手を掛ていふから、おれがいふには、「夫は兄でも余り御言葉が過ませう。私も上の御人だ。犬も朋輩、鷹も朋輩だから、そふは切られ舛まい」とておれも脇〔差〕を取つたらば、兄よめが中へはゐつて、いろ〳〵いつておれをば手前の部屋へ連てきて、「正之助の一件を片付ろ」といふから直に林町へ行て、兄に逢て、「兄弟の情が薄（うすい）」とて強談したが、兄がいふには、「全く貴様の為をおもつて大兄へいつた」とて情を張るから、其時は役所の壱番元〆太郎次を兄の側へ呼寄て、兄が家事不取締故に、是迄度々結構の御役になるとひ（し）くじりしことから、当時の御役の事をも勤める気〔器〕量がなゐといふ事の荒増（あらまし）を言聞て、御役を引がいゝといつてやつた。

　そふすると太郎次が、「夫はどふゆう談だ」といふから、其時に、「兄が兄弟の手跡の真偽を見分ざることが出来ぬ故は、中々懸合(かけあい)は大役故に勤られぬ」といってやったら、兄が怒て、御用箱よりおれの手紙を出して、おれに、「貴様が書いた手跡だ。能見ろ」といってなげ出した故、おれが取て燭台を出勢(ださせ)て、三度くり返して、大音に読で兄へかへして、「能に勢(よくにせ)ました」といったら、兄がいふには、「なんと是でもかれこれいうか」といふから、おれがいふには、「そこが三郎右衛門は分らぬといふ者だ。なんと私が書た物なら読(よむ)内に言語がすみはしますまい。大勢を取扱ふ者が此くらいの事に心が付ずは、大なる御役は出来ますまい。親類共が毎度私をば不勤ゆへに小馬鹿に致しますが、天下の評定所で筋違の不礼をたゞす物(者)は是迄聞ませぬ。真偽を知らぬ兄を持つたは私が不省(肖)でござり舛」と挨拶したらば、其座のものが一言もいふ事ができぬ故、兄がいふには、「是は偽筆に違ひなゐから、わしがあやまつた」といふから、「左やうなら大兄へ手紙を遣して、其訳を御申被㆑成(なされ)」といふに、「其序(つい)で文通した故、返事のくるまでまつていて中分ない」といふ。大兄が返事を見てから、内へ帰たが、其時甥めらは脇差をさして、次の間に不㆑残結でいたから、帰り掛に甥等に向て、「おのしらは先達中(せんだつてちゅう)のろふぜきの時、其通りの心掛をしたら、忠蔵はやみ〳〵と殺はしまへ(い)もの。其時はにげて、伯父をば取廻(巻)ひた。馬鹿にもほどの有るものだ。が、御親父様の子供への御教示かんしんした」といって笑て帰たが、内中がくやしがつたと、其後聞いたよ。

八九　夫から後は、大兄も林町の兄も、おれが事を気を付ているから、少しもとんじやくしなゐで、いろ〳〵馬鹿さわぎをして日を送たが、或時に林町の兄が三男の正之助がきて、いろいろ兄のはなしをしたから、揚代滞にして六両かねを出してかり、宅へ林町の用人を連ていつて、方をかひてやつたら、兄がおこつてやかましくいふから、兄よめへおれがいつて、いろいろはぐろかして其事は済（すん）だ。おれも三、四年はおふきに心がゆるんだから、吉原へばかりはゐつていたが、とふ〳〵地廻りの悪輩共を手下につけたから、壱人もおれに刃向ふ物もなかつた。其替りには金もいかゐ事遣つたが、みんなおれがはたらきて、借金をしぬよふにした。道具の市へは一晩でもかゝさぬよふにしてもふけたが、たりなかつた。

したい事をして死ぬ覚悟

九〇　この年夏、男谷から呼によこしたから、妻へ跡の事、子供の事までいゝおひて、男谷へいつたら、あによめ始みんなが涙（泣）ているから、精一郎が部屋へいつたら、夫から姉がいふには、「左衛門太郎殿。おまへはなぜにそんなに心得違ばかりしなさる。お兄様が此間から世間容子を不レ残聞合てござつたが、捨置ぬとて心配して、今度庭へおりを拵ておまへを入るといゝなさるから、いろ〳〵みんなが留(とめ)たが少も聞かずして、きのふ出来上つたからは、晩に呼にやつておし籠ると相談が極たが、精一郎も留たが中〳〵聞入がなゐからわたしも困つている」といつて、おれに、「庭へ出て見ろ」といふから出て見たら、二重かこひにして厳重に拵た故、姉にいふには、「だん〳〵兄様が御心(親)切はありがとふございますが、今度はとふしんでもおこしらい被レ成(なされ)ばいへ(い)に。なぜといふには、私も今度はゐると最早出すと免(ゆる)しても出はしませぬ。其訳は、此節は、先(まず)本所で男立(伊達)のよふになつてきまして、世間も広く、私を知らぬ物は人が馬鹿にするよふになりましたから、この如くになると最早世の中へは面(かお)が出すことができませぬから、断食をして一日も早く死ます。かよふだろふと思た故に、妻へも跡の事を能々いゝふくめてきました。思召次第になりませう。精一郎さん、大小を渡します」といつて渡したら、姉が、「此うへは改心しろ」といふから、おれが、「此上に改心は出来ませぬ。気が違(ちがい)はせぬ」といつたら、精一郎が、「御尤(ごもっとも)だが、身の上を慎め」といふから、「慎みよふもなゐ。最早親父が死んだから、頼みもなゐから、心願も疾(はやく)より止めた故、せめてしたいほどの事をして死のふとおもつた故に、兄へ世話を掛て気の毒だから今より直に爰(ここ)におりませう」とていたが、精一郎がいふには、「必ずおまへには食を断て死ぬだろふと私もおもつた故、種々親父が機嫌を見合て留たが聞入ぬ故、かふなつた」とて案事(あんじ)てくれるから、「何んでも兄の心のやすまるが肝要だから、おりへはゐるが、おれはよかろふとおもつた。先達てから友達がうす〳〵内通もして呉た故、疾より覚悟をしていたから、一向ふに驚(おどろか)ぬ」といつたら、「なんにしろ先(まず)一度御宅へ御帰り被レ成(なされ)て、妻共相談しろ」といふから、「夫には及ばず。先にいう通り、何も内の事は気に懸る事はない。息子が十六だからおれはいん居をして早く死だがましだ。長いきをすると息子がこまるから。息子の事は何分頼(たのむ)」といつた羅(ら)、其内に姉が来て、「一先(ひとまず)内へ帰れ」といふから、夫から内へもどつたら、夜五つ（八時）時分まで呼にくるかとまつていたが、一向ふ沙汰がなゐから、其晩は吉原へいつて翌日帰つた。

　夫から、「兄へたゞは済ぬから書付をだせ」といふから、夫もしなかつた。姉がいろ〳〵心配をして諸寺諸山へ祈禱なぞ頼だといふことを聞いたから、翌年春、姉へ挨拶、安心の為、隠居したが、三十七の年だ。

三十七歳で隠居・その後の生活

九一　夫からはむこくに（この上もなく）世の中をかけ廻りて、いろ〳〵の世(せ)わをして、かねを取つて小遣にしたが、まだたりなかつた故、いろ〳〵工夫をして、おれの身の上がこふなつたは、誰か大兄へ進て詰め牢へまで入れよふとしたか、とて夫をせぐつたら、林町の兄が、先年の恥しめた意趣ばらしに、内中が寄てなゐことまで大兄へつげた、といふことを慥に聞届たから、其また返しに目をみせてくれよふとおもつていると、三男の正之助がほふとう者故に兄が困ていると聞たから、正之助を呼で、だまして聞たら、不レ残兄が謀ごとを白状したから、工面をしては正之助へ金をかして遣はしたが、しまへには兄が借金が蔵宿のも切したといふから、おれが竹内の隠居をだまして、とふ／＼兄の判を捺させて、蔵宿で百七十五両、勤めと入用が急に林町にて出来たとて、正之助・竹内・諏訪部・龍蔵と男を頼のんでやつてかりたが、蔵宿でも三人が道具箱で肩衣まできていつた故、うたぐらづによこした。其金をみんな遣て仕舞たが、二月ばかりで知れて、兄がりんしよく故に、大そふにおこつたから、とふ／＼どこ迄も知らぬ顔でしまつたが、蔵宿ではいろ／＼せんさくをしたが、しれずにしまつた。

九二　或日、諏訪部が来て、「ときわ橋にてあさつて狐ばくちがあるから、おれに一所にいつてくれろ。是は千両ばくち故に、勝と大金がはゐるから、壱人では帰りが気づかひだから」といふから、「おれは其道には今まで手を出したことがなゐからいやだ」といつたら、「只いつて食物でも食つて寝ていろ」といふから、いつたが、其時は諏訪部にも元手が十三両しかなかつた。夫もおれが十両斗りかした故だ。深川へいつて見たら、蔵宿の亭主だの大商人が、日本橋近辺より集つて、五、六十人斗りして、場を始めたが、おれにはいろいろの馳走をしてくれた故、ときわ町の女郎屋へいつて、女郎を呼んで遊んでいたが、夜の七ツ（四時）時分に迎をよこしたから、茶屋へいつて見たら、諏訪部が六百両ほど勝つた故、おれが見切りて連て帰た。「生れて始てこんなばくちを見た」といつたら、皆が、「先生は人がいい」といつて笑つたよ。夫からおもひ付て、心易者（こころやすいもの）へ高利をかしたが、よかつた。浅草の奥山の茶屋女へ金をかしたが、是はまだるかつたが、其代り山中は、「はゐ〳〵」といいおつた故、親分のよふだつけ。

島田虎之助とのつきあい

九三　或日、息子が柔術の相弟子に島田虎之助といふ男があつたが、当時でのけん術遣ゐだとみんながおそれる故、この男がかん積（癪）の強気者で、男谷の弟子も皆々たゝき伏られて、浅草の新堀へ道場を出していたが、おれは一度も逢たことがなゐから近付にいつたが、其時におれがおもふには、九州者の二、三年先に江戸に来たといつても、まだ江戸なれはしまいから、一ツたましいをぬかしてやろふと心付いたから、ひぢりめんのじゆばんにしやれた衣類をきて、短か羽織でひやうしぎの木刀を一本さして、逢ひにいつたらば、内弟子が出て、「どこから来た」といゝおる故に、「勝の隠居だ」といつたら、早速に虎が出て、袴をはゐて座敷へ通し、始ての挨拶もすんでから、いろ〳〵悴が世話の段を述て、世間の剣術ばなしをしていたが、おれのなりをやたらに見て、いろ〳〵世上のゆうだ（遊惰）ものゝ事をもつてあて付るよふに聞ゆるから、兼て其咄も聞ていた故に、一向ふかまはず、其日の七ツ（四時）時分になつたから、虎へいふには、「今日は始て参つたから、なんぞ土産にても持てと存じたが、御好なものも知れぬ故に手ぶらで参たが、酒はいかゞ」といつたらば、「呑ぬ」といふから、「甘物は」と聞いたら、「夫はいゝ」と答へるから、「さやうなら御苦労ながら一所に浅草辺まで御出」と、断るをむりに引出して、浅草で先奥山の女どもをなぶつてあるいたら、きもおつぶした顔をして跡から来るから、「すし飯をくうか」と聞たら、「好だ」といふゆへに、「そんなら面白い所ですしを上る」といつて、吉原へいつて、大門をはゐりに懸ると、「御免御免」といふから、むりに仲の町のお亀ずしへはゐつて二階へ上ると、間もなくいゝ付たすしを出した故くつていると、其時に、「たばこはどふだ」と聞いたら、「呑が修行中故にやめている」といふから、「夫は小量の事だ。たばこをすうとも修行の出来ぬ事は有るまい。世間ではおまいは豪傑だといふから近付にきた。其様な小量では江戸の修行は出来ぬ」といつたらば、「左やうなら今日はすおふ」といふ故に、下へいゝ付て、たばこ入・きせるを買わした。また、「酒も呑（のめ）」とせめたら、同断の挨拶故、夫も呑した。其内に日が入た故、諸方へてふちんがとぼるし、折節桜だ故に、風景も一入（ひとしお）よく、だん〳〵と揚やの太夫が道中するから、二階より見せたら虎がいふには、「誠に別世外（界）だ」とて余念なく見ていたから、これからはおれが威勢を見せよふとて、すみからすみまで見せて、りきんで見せたが、おふきに恐れたよふすだから、直に佐野槌屋へはゐつて、女郎の気量（器）の其内で一ばんといふを上げて遊んだが、桜の時分だから客が大勢で座敷がなかつたが、おれの顔で明けさせて、翌日帰つたが、おれは森下で別れて内へ帰つた。

其時に、「吉原であの通りの振まいはできぬ者だが、どふゆうことで顔がうれたらふ」とみんなにはなした、とて松平の家来の松浦勘次がおれにはなした。「最早隠居は吉原へいつても大丈夫だ」といつた故、男谷にてもあんしん（し）てたと。

香取・鹿島詣で

九四　夫からすることがなゐから毎日〳〵かん音・吉原が遊び所でいたが、虎がすゝめて、「鹿（香）取・鹿しま参詣をしろ」というから、四月初に松平内記の家中松浦勘次を供に連れて、下総から諸々あるひた。

道々他流へゆきてつかひつゝいつたが、先年より居候共を多く出した故、夫が徳になつて、路銀も遣ずに諸々を見てきた。

銚子にて足が痛んだから、勘次を上総・房州の方へ約速（束）した所へやつて、おれは銚子の広やか舟で江戸へおくつてくれたから、寝ながら内へ帰つた。

夫からは毎日〳〵浄るりを聞いて、浅草辺から下谷辺を歩行（あるい）て、楽しみしていたが、六月か五月末かとおもつたが、九州より虎が兄弟が江戸へ来たから、毎日〳〵ゆき通ひして世話をして、江戸を見せてあるひた。虎の兄の金十郎といふ男は、万事おれ次第になつているから、大がひおれの内へ留ていたが、ある日吉原へ俄（にわか）（仁輪加踊）を見にいつたばん、馬道で喧嘩をして見せたら、金十郎はこはがつた。金十郎は国ではあばれものだといゝしが、江戸へきてはつまらぬ男であつた。八月末に九州へ帰るから川崎まで送て別れた。

大川丈助一件

九五 此前年、地主の孫一郎が身上がだん〳〵わるくなつた。其訳は、おれが奥方を世話をして貰た時は、知行所へ談して百姓のまかないにした故、何もこまることがなかつたが、おひ〳〵当主が酒をはじめて、だん〳〵と取締もみだらになつて、奥へ町人が直にはゐり、酒の相手をするよふになり、伯父の仙之助がいろ〳〵当主をだまして、品をもたひがひ借りて遊びにかけるし、親類の倉端(くらはし)が悪法をして借り倒すし、仕舞には近所の米屋の娘をよびこんで、毎晩乱酒するから、たちまち元の通りになつてきた故、仙之助がすゝめて大川丈助といふまかなゐ用人を入れた。

知行所のものは不承知故に、おれに頼で留めてくれろといふし、しうとの権之助も頼(たのむ)から、いろ〳〵と異見をしたら、あげくのはてはおれを地立(じだて)をしよふとしたから、けんくわをしてやつて、あやまらして済してたが、丈助めが仙之助へとりこんで金五両かした故、とふ〳〵丈助を用人にしたが、だん〳〵世話をして、地主を御番入をさせると〔い〕つて三十両かすめた。

夫からいろ〳〵立替の金がとりてきて、一同こまると、又々仙之助が法をして丈助をだしにかゝると、丈助が仕払勘定したら、壱年ばかりの内に立替金が三百三十九両になつた。

其張(帳)面を弐冊こしらいて、壱冊は手前の控にして、一冊は旦那へ出したが、其払方の始末ができぬから、丈助へ難を付けて追出そふとすると、丈助は利口だから、或ばん孫一郎が酒に酔ている時を窺て、旦那の手元へ出した張面盗で焼てしまつた故、旦那の方には証拠がなゐから、つけ掛ともなんともいふ事ができぬ故、大(おおい)に困ていろ〱と評儀(議)はしたが、仕形(方)がなゐから空のかけ合となつて、壱月ばかり立と、親類が見兼て色〱世話をしたが片が付ぬ故に、本家の岡野出羽守が聞て家来をよこして、丈助と掛合つたが、是も証拠がなゐから埒が明ぬ故、曾我又左衛門といふ伯父が又々懸合つたが、おなじ事で目はながあかぬ故、丈助が御老中の太田備後守殿へ籠駕(ママ)訴(かごそ)をした故、六ケ敷(むずかしく)なつて、丈助は孫一郎へ引渡しになつて、頭の遠山安芸守より通達が有る故、丈助を受取て長屋へ押込て宅番を付た。

家来が少なゐから急に雇ひ侍を二、三人して、村方よりも大勢呼出してさわゐだ。夫からまた〱親類中が寄て、丈助へ談したが、丈助は書物も能よみて弁舌もよく、公辺もあかるくして大丈夫のものだから、少も屈せず、誰も相手になる者がなゐから、番頭から相番の御張(帳)懸りをよこして懸合たが、皆々言込(いいこめ)られて帰るから、持あつかつたうち、またまた丈助が御籠駕(ママ)訴をした故に、前の通り遠山より孫一郎へ受取せて、厳敷(きびしく)番をしていると、今度は女房がまた太田殿へかけ込んだ故、是もおなじく引取つて、玄関の次の間へ宅番ができたが、まことにおふそふどうにて、其上に孫一郎が身上が悪ひから、日々の入用がなゐから、百姓らがまごつきて、金をかりにばかり懸ていた。

また頭から御張(帳)番のかゝりが替て、外の物がきたが、是も丈助にやり込(こめ)られて、幾度も来る度に、丈助があすび(そ)ものになりにくるよふだとてみんなが笑つた。

夫からまた〳〵女房がぬけ出して、太田殿へかけこんだ故、引取て番人をふやすやら評儀(議)やら大こんざつでいると、丈助が惣領が外に勤めていたが、是がまた御同所へ願て出たから、夫をも引取中の口へ宅番ができて、三ケ所の宅番故に、入加(いりか)は入るし、始末はできず、大こんざつになつたが、しまへ(い)には組頭も病気引にして頭の遠山安芸守も備後守殿で、家来が丈助の悴を引渡す時に、其使者へいふには、「言(いわ)ば岡野孫一郎が家来壱人の事は、御番頭も御勤被成(なされ)、安芸守殿が其位のさわぎに日数を懸るといふは御役目にも御似合〔ひ〕不被成(なされざる)事と主人も薄々申した」といつたから、直に病気とて翌日より引籠(ひきこもつ)たが、外組(ほかくみ)の本多日向守が引受たが、御張衆も入替り〳〵して掛合たが片付ず、親類もあぐねはてゝいるから、おれが友達が言(いう)には、「おまへが地面に居ながら、あれ程の事をたゞ見ているとはどふゆう訳だ」と聞くから、「夫にはしさいが有(ある)。先年より取続(とりつづき)の出来ぬ身上を、おれが骨を折つて食よふにしてやつたに、丈助をかゝへるなといつたら、おれを地立をしよふとしたから、喧嘩をした。夫からは少もかまわぬ故、今(こん)だの事も一向ふにしらぬ顔でいる」といつて、毎日毎日義太夫ぶしを聞きあるくが、いん居したなぐさみ故、勝手にしおるがいゝとて、内へは帰らず、虎の処へばかりとまつていると、番頭が余りこまつたから、小普請をさせてのがれよふとしたが、丈助の悴が出奔した故、また〳〵大事になつて、御老中方より引渡し者が出奔すると、御届になつて評定所になる故、悪くすると家名にもかゝわる事故、丈助方は悦(よろこぶ)し、孫一方は大心配をし、直に日向守へ届たから、御張衆が来て、いろ〳〵大評儀をする所へ、丈助家内の者へ三度の食事もやらぬ故、この日女房より断乳の届にて、孫一方へ子供三人とも差出した故に、急に子守や乳母をかゝへるやらすると、御張衆もいろ〳〵なことが一度になつてきたから、其席を立てにげて帰つた。

其時また夜になつて、頭から外の御張衆を二人よこして、明日は是非〳〵御届になるといふ故に、親類の者が不レ残寄て、評義(議)まち〳〵にていたが、前代見(未)聞の事だとおもつた。

おれは其日には虎之助が来ていて一日内にいたが、夕方丈助が宅番所をぬけて出て門を出よふとすると大勢が出て留ると、刀を抜いてさわゐだが、其時女房も宅番所を出て外へかけ出すと、大勢でおつかけて取押へなわをかけて連て帰たから、丈助が、聞て、「侍の女房へなわをかけた訳を聞かふ」とて孫一の玄関へつめ懸てやかましくいふから、一同其挨拶ができぬ故、いろ〳〵もんちやくするし、其時に地主よりおれを呼によこしたから、「客が有ていかれぬ」と断(ことわつ)たらば、又々親類が、「是非御出被レ下(くだされ)」とて度々家来をよこすから、虎之助は内へ置ていつたら、丈助の事を皆々が咄して、「何卒工夫はないか」と頼むから、おれがいふには、「初よりかよふになるとおもふ故、丈助を抱入(かかえいれ)は留(とめ)たが、聞(きか)ずに入(いれ)て、私を御親類と相談して地立を被レ成(なされん)とした故、先達(せんだつて)而中より存じてはおりますが、御咄しもない故に、知らぬていでいましたが、今となつて御頼(おたのみ)でも、なか〳〵私には丈助は大敵で、掛合はできませぬから、此御相談は御めん」とて帰ろふとしたら、しうとの伊東権(ママ)之助がいろいろ訳をいつて頼むから、「そんなら掛合つて見ませうが、丈助へ返金の金を御渡しなされ」といつたらば、「夫は当(あて)がない」といふから、「そんな空談は私には出来ぬ」とて内へ帰たが、虎がいふには、「先生は今迄人の事はいろ〳〵助てやつた故、今度は岡野の諸親類又は頭迄が掛りて出来ず、明日表向になるといふ大変のそふどうを、捨て見ていては是迄の義々はみないたづらになるから、此一件も押付てやるがいゝ」といふから、「隠居のいらざることだ」といつたら、「夫はそふと、此度は是非〳〵孫一郎をすくつてやれ」といゝおるから、「そんなら貴様が能く岡野の諸親類へ咄すがよかろふ」とて、虎之助が地主へいつて皆へ逢て、「此度の変事を左衛門太郎へとも〴〵頼で、工夫を頼むがよかろふ」とておれを呼ぶからいつたら、親類中が、「偏に此度の一条はおまへの答次第にして無難になるよふたのむ」といふから、「随分片付て御目に懸よふ」と挨拶して、御張衆へも逢て、「此度孫一近親共が一同の頼み故、丈助一件、私が取はからふ手段も是有から、取しきりて事定致しますが、日向守殿の思召はなゐか」といつたら、御張衆が悦んで、「左やう相成さへ致せば御頭は申及ず、是まで懸りし相番・私共まで大慶でござるから、何分御頼み申す」といふから、諸親類から連名の一札をとりて、孫一よりも、「此度一条に付外々よりは一切口入等出させまい」といふ証文をとり、「金談其外貴様思召次第に可レ被レ成候」といふ書付を取て、そこで皆々へ向つておれがいふには、「丈助一件は少も此上は私が引受けたからは決而皆様の御了簡はかりますまいが、壱つ御咄が有ますが、それは外でもなゐが、此度丈助が工は失礼ながら皆様の思召が悪いからだ。一躰はづかの内に大金を出しよふもなし、たとへ出したらば孫一郎様が御身上はなおるはずだが、以前の通り段々困窮におなり被レ成て、此節はきがひが一つなゐはどふゆふわけかしりませんが、一向ふに丈助が勤め中の功が見へぬといふ物だ。全くおゆき届がないから、付懸と私はおもひますが、何をいふにも控張をなくしたは孫一郎様の御不念とおもふ故に、此度丈助が立替金を返して事を済しませうか。又は壱文もやらずに片付けませうか。思召次第に致して上ませう。尤（もっとも）丈助への勘定を致すには不レ残渡しますから、是で大金がいりますが、御承知でござりませう。両よふの御挨拶次第で致しますから、皆が相談をして、「勘定をして事済にしよふ」といふから、「夫は返（却）つて致易く、去（さり）ながら不害の金をやるも私は気がなゐ」といつたら、皆がいふには、「どふすると金をやらぬにすむ」と聞くから、「夫は御咄が出来ません。是まで皆様がおく病故に、丈助にいろ〳〵恥をさらされたのだ。金をやらぬよふにする法は、今皆様へおはなし申すと、直に目でもおまはしなさるからいゝませぬ」といつたらば、皆がおかしな顔をしていた。

　夫から、「先（まず）皆様の御出のうちに丈助へ理解を申聞て、宅番所も長屋ばかりにして、子供も丈助へ渡して、番人共へも今晩は安心して寝るよふにしませうから、皆様は御安堵なすつて、御酒でも召上りませ」とて内へいゝ付て、酒を五舛出して、皆へ呑（のませ）て、丈助が宅へゆきて掛合て、直になつとくさせて、女房子供も長屋へ渡して、其晩より番人壱人で事がすんだ故、親類も御張衆も種々礼をいつて帰つたが、地主にては此三、四月は右のさわぎで、上下共つかれたか、翌日はみんなが朝寐（あさね）をした。

　夫から丈助を呼で対談して、惣（双）方儀証書を取替して、金は十二月十九日渡す約速（束）に定て、当分の手当として十五両内渡しをして、是迄の通りに勘定済迄は扶持方を渡してやつた故、何事なく一日の内にかたが付て、翌日は一日遊びに出て、夫から孫一方へいつたらば、家内中が嬉しがつて、しよせん江戸ではできぬ故に、摂州の知行所へ行く積りにして見た所が、孫一郎方には久敷（ひさしく）丈助が事で入用も懸りて、今日の手伝にも差支、飯米も上下三、四十人にてくう米が壱舛もなゐといふこと故に、武州の知行所の者を呼出して、十二月迄のまかなひをい丶付たら、なんといつても請（うけ）ぬ故に、だん〳〵理解を申渡して、漸々なつとくして、十二月までの入用を受合たから、夫からまた〳〵武州の次左衛門といふ庄屋を呼んで、道中入用四十両出させ、是はおれが借りにして十二月返す約速〔束〕にして、十一月九日に江戸を立た。

有髪改名・上坂

九六　この年の七月、支配へ有髪改名を願たが、十月の十七日済で脇坂中務少輔殿の御達しだから、夫より左衛門太郎を改て夢酔といつた。

月代がまだ延（のび）ぬから、当分は惣髪でいた故に、道中は岡野孫一郎家来左衛門太郎と名乗て上坂した。

其時、虎の助〔之〕へ跡を頼で、中仙道を登た故、熊谷宿にて次左衛門が四十両を受取て、急で登たが、道より気分が悪くつて、漸々押て大坂の八軒屋へつゐて、二、三日逗留して、夫から大坂の曾根崎といふ所の加賀虎といふ男を尋て其内へいつた。幸ひ内にいたから江戸より登た訳をはなして、金談を頼んだら、早速に受合つてくれた。

御願塚村での金談

九七　夫から翌日、御願塚（ごがづか）といふ孫一が村方へいつたが、大坂よりは二里半あるといつた。

代官の山田新右衛門といふ内へ逗留して、江戸の訳をはなして、翌日一村の者を呼出して金談を談したが、其時、代官がいふには、「地頭の高五百石の村方にて、用立金が七百両余有る故、なか〱御入用の金子は一銭も出来ず」といつた。

おれが江戸で用人、孫一郎へも聞たらば五百両もあるといふから、其積（つもり）で来たら、おふきに違たから、先（まず）其日は夫きりにし、村方一同をかへしたが、誠に当惑したが、しかし出来ぬといふことはないとおもつたから、毎日〱村方をふら〱四、五日あるゐて見たが、村中不レ残ふにう（不入）故に、少し心も安（や）すまつたから、夫から逗留中の入用を代官へ聞たらば、「是迄出役の用人が来ると、供壱人連て来て毎日〱十八匁づゝかゝる」といふから、おれは上下五人で諸事けんやくをして肴を出しても食ず、代官のおふくろへ持せてやつて、毎日〳〵一同共に厳敷(きびしく)けんやくいゝ渡て、供の者へは夫々に手当をして、伊丹へとき〴〵やつて内々酒食をさせたらば、入用が五人で十匁づゝだといつて嬉しがつたから、右の金談はしずに、大坂へ折々いつて遊(あそん)では、村方の容子を密〳〵聞くと、「金をださずに退屈させて追返す手段をする」と聞いたから、毎晩〳〵新右衛門始(はじめ)子供不レ残前へ呼んでは、昔よりの名将智勇の仁のはなしをして聞かすと、いづれも悦(よろこん)で、夜の更るまできゝては寝たが、或日また〳〵金談の事をいつたらば、「銀主[子]がなゐ」といふから其時も其儘にしておゐたら、江戸より連ていつた猪山勇八といふ男が内々いろ〳〵金子のことを強談した故に、村方がさわぎ立て、毎日〳〵寄つて村中が評儀[議]をして、或時おれが旅宿を取り廻[巻]ていろ〳〵雑言をぬかして、竹やり抔(など)を持出したから、供の物はこわがつて、「江戸へ帰る」といふからしかつてやつた。

夫より毎日〳〵村内の寺へ集ては、鐘をつゐては、押寄た。みんな猪山が馬鹿なことをいいふらしたからだ。

金談のかけひき・虚々実々

六八　おれは一向ふにかまわずして、中間を壱人連ては御紋服きて、とき〴〵其同勢の中を通ると、一同に〔げ〕かくれた。

夫からおれがつれた侍に堀田喜三郎といふ男にいゝ付て、毎日〳〵昼前に、「大学」「孝経」の講釈をさせて、おれも聞き、新右衛門がう(や)からにも聞かした。

新右衛門は実気の者で、大に悦でいろ〳〵内証で金談をもするといふから、今にだまして百姓ばらにあわをふかして、金を出してやろふとおもつている故、逗留中はなんにも雑作は少もゐ〔言〕わず慎でいたが、ひぜんができてこまるから、毎日〳〵伊丹の小山湯へはゐりにいつては、間者を付て置ては、村方の容子を聞て斗りゐたが、いろいろ村方のものがわるだくみをするといふから、なんにもしらぬ顔でいた。

だん〳〵日数もたつから、大坂へいつて町奉行の堀伊賀守の用人下山弥右衛門は元よりおれがいろ〳〵と江戸で世話をした男故、夫には孫一郎が家事のことをも能〳〵しつて居るから、内談して村方へ帰つたらば、代官がおれに聞くには、「御前は大坂の誰の所へいつた」といふ故、「伊賀守は元(もと)相弟子だから尋ねて来た」といつたらば、「夫は」といつてこわがつたが、二、三日過ると大坂より大勢の供廻りの使者が来て、伊賀守の口上を延(のべ)て、箱肴其外(そのほか)色〳〵のものを送つてよこしたから、村中が見てきもをつぶし、「夢酔様は御奉行様と御懇意だ」とぬかして、夫からは竹鎗又は取り巻を止たが、おかしくつてならなかつた。

其肴を村役の者へ分てやりて、外の物は代官の親類へ配てやつたが、村中で、「御奉行様の御肴だ」といつて戴てくつたとよ。

能勢の妙見詣で

九九 夫から少し気伏(きぶせ)した様子で、金の手段をすると聞いた故、最早大丈夫とにらんだから、代官へ申渡して、能勢妙見へ参詣の事を申聞て、供には是迄おれに敵立たやつらばかり連れていかふと談して、喜三郎壱人と跡は村方の悪盗(党)どもを連て、「きよふは孫一の家来ではいかぬ。おれが参詣だ」といつて、御紋服をきて鎗箱でいたが、其時に新右衛門へいふには、「雨具を不レ残持参するよふ」といつたら、挨拶には、「此節は日寄(ひより)がよゐから、五、六日は雨は降りませぬから、是は持な」といふから、おれがいふには、「元より妙見を信仰するから、かならず祈ると大雨がいつも降(ふる)から、是非とも持て」といふゆへ不省(承)〳〵物持を壱人だした。

夫から池田へいつて休んだが、籠駕(ママ)の雨具がなゐから取りに返して、雨具を持て来たから、だん〳〵能勢山へいつたが、天気が能(よく)つて山上より大坂・尼ケ崎・摂津の浦々を一目に見て、其日は別て暖気で、袷壱つ、山を上るにあせが出る程だが、なか〳〵雨などはふろふとは誰もおもわぬ故、雨具持が壱人腹を立ていつた。

麓の茶屋へかごを預て、二十五町絶頂を登つたが漸々に妙見宮へ来たから、夫から水行をして本堂へ上つたら、大勢が見て御紋服に恐れし故や、皆々外へにげ出したから、静に拝をして、門の外の茶〔屋〕で休（やすん）で、夫から段々山を下つたが、半分斗りもくると、有馬の六甲山より雨雲がだん〳〵出てきたが、其時におれが合羽持にいふには、「今に雨が降るから手前は仕合せだ。荷が軽くなる」といつたらば、みんなが、「たとへ雲がでゝも雨は降りません」といふ。

おれがいふには、「下のはたごや〔へ〕行くまで降らせたくなゐ」とて急いで山をくだると、二十五町の峰をおりると大雨が降てきて、はたごやへ三町斗りにして、供の者はぐずぬれになつた。おれはかご故にこまらぬ。

夫から其夜中おやみなく大風雨にして、明方七ツ（四時）過に漸々雨がやんだが、其時におれはこたつへ当て、油断をしずに、万端気を付たが、是は悪盗共を供に連た故、若（もし）も不事の変があろふとはいわれぬ故だ。

其晩、供にきたやつらがいふには、「夢酔様は奇妙の御方だ。雨の降るを昨日から知ていさつしやる。夫には神様の納受が有ると見へる。御旗本は違（ちがつ）た物だ。此方が百日参つてもこんなことはならぬ」とぬかして屈伏した容子故、「しめた」とおもつた。

夫から翌日、そこより多田権現へ廻て、其日の七ツ（午後四時）時分、御願塚村へ帰つたが、其夜ひそかに猪山が寝所へきて、「村中が雨の事で驚て、みんながいろ〳〵と気が替(かわつ)たよふすで、どふか金ができそふになつてきました」といふから、おれもよろこんでいたが、翌晩また〳〵容子を聞かすと、金を出そふといふ物[者]と、出すまいといふ者半分づつになつた、と聞たから、翌日早く起て、喜三郎を留主[守]に置て、大坂へいつて日本橋へ芝居を見にいつて帰りに、下山弥右衛門へ寄て、また〳〵談て、八軒屋へ泊て、翌日村方へ帰た。

奉行堀伊賀守の使い

一〇〇　其翌日、又〳〵大坂よりして使へ(い)いろ〳〵肴を持て伊賀守の手紙がきた。夫をまた其晩には煮させて、代官始め庄屋まで呼寄て、振廻(ふるまつ)て手紙をよんできかせた故、一同に気伏(きぶせ)した様子が顔にあらはれたから、はなしに銀主[子]の事を聞いたらば、「今にいろ〳〵骨折ているができぬ」といふから、其晩は別れて寝たが、翌日朝になつて新右衛門を呼でいふには、「今日は少しおれが悦(よろこび)が有るから、七ツ（四時）過より村方一同へ酒を振廻てやりたゐから、入用は渡すから尼ケ崎よりよい肴を買て、汲物[吸]その外万事念を入てくれろ」といゝ付て、其日の献立を書付て置たを渡して、「早く入湯がしたゐから湯をわかせ」とて、髪を喜三郎に結(ゆわ)せて、座敷へ引散した物を片付させて、湯へはゐり、不レ残連て伊丹の牛頭天王へ参詣するといつて伊丹へいつて、白子屋といふ呉服屋へはゐりて、諸麻の上下三具と、孫一が紋付の羽織白むく二ツ、「今八ツ時（二時）まで拵へてくれろ」といつたら、「こくもち（定紋をいれず白抜きにする）なら受合ふ」といふから其代を払つて、取によこすと約速して、村方へ帰つたら九ツ（十二時）過だ。

百姓相手の大芝居

一〇　夫から家来へは道々其晩の狂言をいゝ含て、喜三郎を呼で、床の間へ白椿を生させ、彼是とすると七ツ半（五時）にもなつた故、村方一同に代官が所へ集りて、料理もできた故一同座敷へ呼で、おれがいふには、「今日は悦びのことがあつて不レ残まねゐたが、能こそ一同揃てきて忝なゐ。きよふは遠慮なく自分の内の通りくつろいで酒をたんと呑でくれ」とて一同へ盃を次第〳〵さして、其上で、「隠し芸のあるものはなんでもするがいゝ」といつて、おれが昔吉原をひやかした時分の覚たはやり歌をうたつて聞して、「一同とも高下なく打とけろ」とて、酒を呑したら、金の談事と違て、一同笑て悦で、いろ〳〵草謡やら出たら次第をいゝおつて、酔もだん〳〵廻るから、「もはや湯づけを食うがよい」とて一同くいしまいて、礼を延て次へ引から、兼ていゝ付た故、中間が庭へ水を手桶に三ばゐくんできたから、夫をあびて、白むくをきて、其上へ時服をきて、座敷の真中へ蒲団を重ねて敷き、燭台を弐ツ左右へならべて、ふとんの上へすはつていて、「新右衛門始め村方の者へも申渡す事があるから、座敷へ出るよふに」といわせたら、一同が、「給酔(たべよう)ている故、明日仰渡(おおせわたし)をきゝたい」といふから、「明日は兼て大坂へ参る約速(束)故、四、五日留主(守)だから、一同寄ているが幸ひだから、皆々腹を改て地頭の口達を聞け」といつたらば、皆がよふよふ出たから、其時に喜三郎が次の間より、「一同揃(そろい)し」といふから、間のから紙を開させて、其時一同が平伏した故、おれが一同へいふには、「外の事でもないが、先月よりだん〳〵孫一郎が此度丈助一条に付ては、金談を申渡す処、其方ども一同内談して下知の趣を聞入ずして、銘々おのが身の用心斗りして一向、地頭は外事にする段、不届の至り。是によつては金談相断るから左やう心得ろ」といふと、一同共ありがたき段、受(うけ)をしたから、おれがいふには、「此度其方共の地頭が余義(儀)なき頼み故に、病身を凌て上坂して其方どもへ何分頼むといふ一言を、今迄の用人同様心得て取合(とりあわ)ず、此段不敬千万といゝ、其上に此方へ向て竹鎗ざんめ(ま)い、是又なにと心得て右様の扱ひに及(および)し。其しさいを聞かふ。其答によつては急度(きつと)、堀伊賀守へ談じ、明日きう(糾)明するから挨拶に及べ」といつたらば、一同に答へもなく平伏して、「幾重にも此段は私共が心得違へ、何卒御慈蕜〔悲〕に御免(ゆる)し被レ下(くだされ)」とて涙を出して詫(わび)るから、「夫ほどまでいふ故に愚昧の百姓共故差免(さしゆる)し可レ申(もうすべし)」とておれが又〳〵新右衛門へいふには、「右の段々恐入(おそれいる)といふ上はさし免し遣(つかわ)す。夫に付ては代官始村役人共へ別段の頼(たのみ)がある。聞届てくれぬか」といつたら一同とも、「私どもの身分の義〔儀〕御免の上は、御前さまの義は、身分に応じ候事は、御請を仕る」といふから、「扨(さて)おれが頼みは外でもないが、今度孫一郎一件に付ては先達(せんだつて)から申聞る通り、江戸にては太田備中〔後〕守殿始諸番頭諸親類中不レ残寄ての騒動ゆへに、なか〳〵今こゝにいふより一同心配して、丈助は身をなげて掛合故一ゑん片付(かたづか)ずして、評定所にも成る所へ、夢酔が見るにしのびず先々一条を取扱て事済にならんとするが、金子の一だん出来せず。夫故に上坂して一同へ談事に及(およん)だが、孫一が借用金多く一同迷惑のよし。随分少は其理はなきにもあらんが、其方どもは岡野江雪已来(いらい)此土へ住で、地頭の恩の深き事は、また代々の地頭の恩とおれは思ふぞ。其地頭の家名に及ぶ程の事を見捨るは、きんじう〔禽獣〕にもおとるとおれは思ふ故、此度の談事はしたのだ。又千両や二千両の金はおれが大坂の奉行へ頼(たのん)だらたゞ今直にできるは知(しれ)ている。夫では江雪斎より知行所を拝領したせんは有まい。其訳は孫一郎が家名に懸ることに、知行をおゐて他借して家を立たといつては、第一先祖へ不孝にして、民の従(したがわ)ぬ故と世間へ流布せば、身を立て家をおこす事も出来まい、朋友へも顔が向けられまいと思ふ故に、其方ども一同へ此度の功を立させて、主従安堵して一同義心のあらわれ、世間のそしりもぬけるよふとおもつたに、いかにも金談できぬから、夢酔が志しは無になつた故、何事もだしたことがなく江戸へは帰れぬ故、今晩自殺して江戸への申訳はたてるから、代官村役人へ頼は、夢酔の亡骸をば各々相談して役人どもが付添て、江戸表の悴へ渡してくれろ。又勇八は直に此書状を持て、帰国して孫一郎へ渡してくれろ。跡の供は是迄いろ〳〵深切に世話もした故に、兼て夫々へ預(あずけ)た金を不残やるから、明日にも立退て心の儘にするがいゝ。喜三郎は江戸より兼々約定もして来た故、今晩は太義(大儀)ながらかひしやくを頼むから、其上に帰国して妻子へ能〳〵この一条をはなしくれよ。最早外にいふことはなゐから、この上は時服は村役人の内へ預け置く。けがれぬよふにしろ」と〔い〕つて、ぬいで広ぶたへのせて、喜三郎へおれが刀を渡して、「是でかいしやくしろ」といゝ付て、兼て江戸にて拵へて持てゆいた首桶をださせて、一同へ向て、「右頼事(たのんだ)能々心得ろ」といゝつゝ、脇差を抜て、切れで巻て、「一同免(ゆる)すから、顔を上て、夢酔が自殺をよく〳〵見ておけ」といつて、脇差を取直す。

一同が、「恐れながら御免〳〵」といつて、ふとんのそばへはゐ寄つたが、喜三郎に、「早く打て」といつたら平伏しているから、「われには頼まぬ」といふと、是非なく立て後へ廻つた。

そふすると三、四人、喜三郎へ取付て「しばらくお見合せ下さりませ。一同が一言申上る事があり舛」といふから、喜三郎は、「早く申上ろ」といつたら、「先達よりの仰の儀は畏ました。われ〳〵家材を売ても御受いたし舛」といゝおるから、「最早今になつては聞入ぬ」といつたらば、「何卒御生がいをとゞまりくれろ」とていろ〳〵涙ながら頼む故、刃物を鞘へ納たら、新右衛門は腰がぬけてよふ〳〵いざり出ていふには、「全く私が御代官を勤めながら、行届ませぬから、せめては私が首を切つて江戸へ送れ」といふからおれがいふには、「此度の事は一同私欲にのみして、是まで地頭を軽しむること故だ。たとへおれは隠者だから世の中へのぞみはなゐから、いかよふになつても大勢が助かりて、丈助も夢酔が死だと聞たらば、よもや一条も手軽に済だろふと思た故だ。一同共弥〳〵請をするからは、身命に替て調達するといふ一札をだせ」といつたらば、直に連命して出したから請取つた。

「金子はいつまでに上ませう」といふから、「明日四ツ時迄」といつてやつたら、「かしこまり舛」とて下つたから、猶々喜三郎も一同へ談して、「万一間違ふ時はわたしが切腹するから、出精しろ」と厳敷いつておどしたから、みんながこわがつて、翌日四ツ（十時）前に三方へ乗て五百五十両出したから請取て、夫から跡は五十両帰国迄に江戸嶋屋まで届(とどけ)る約速(束)にした。

孫一郎が暮方(くらしかた)三百三拾両を来年は二百両にしてくれろ、といゝおるが、「少も減じはならぬ」とて聞入ず、夫から、「猪山勇八一昨年から四百両ほどの横領があるから当人をくれろ。せんさくをしたいから。此願は是非とも聞済(ききすむ)よふに」との一同の訴状故、「用済の上引渡しつかわす」と聞届た故、勇八は振ひているから、内々安堵するよふ申聞(もうしきけ)て、夫から村方の是まで彼是と敵立た物(者)を夫々咎をいゝ付、水呑におとして、江雪已来の古百姓へ役義(儀)をいい附、此度金をこしらいし物は不レ残名字を免し代官へは居屋敷荒地壱ケ年九斗余の処を遣して、夫々羽織上下を遣し、夕方に漸々事済になつたから、「あすは京都へ見物にいくから、人足をいゝ付て先触を出すべし」とて、「江戸より持し道具は不レ残持行べし」といゝ付て支度をさせ、「何(いず)れ勇八郎はいまだ要用も有から、京都より村方へ帰て引渡し遣すべし」とて、「供をしろ」とて、其晩は皆々打解て咄をしていると、村方の宇市、源右衛門といふ両人が願書を出したから、見ると孫一より証文の有る金が百五十両、此暮渡す書付故に、代官へいい付て、「年延を申聞しろ」といふと、両人を次之間へ呼で、右の段を申渡す。

両人は彼是といふ故に、其時おれが出て、「其書付を見せろ」と取上て見て、燭台の火へかざし、見るふりをして焼て仕舞つたら、両人が色をかへてぐづ〳〵いうから、「おれがしたが彼是いふは如何の心得だ。其方両人は別ておれに是まで刃向ふたが、格別の勘弁をしておくに不届のやつだ」とおどかしてやつたらば大（おおい）にこわがつた故、「この証文は夢酔が貰て置く」とて立て座敷へはゐつたら、両人は「恐入ました」とて早々帰つた故、百五十両は一言にてふんでしまつた。なんでも人はいきおひがかんじんだとおもつた。

一件落着

〔一〇二〕 翌日は七ツ（午前四時）立をして京へいつたが、村中がなんともいわなんだ。京都へ行き、三条の橋脇に三日逗留して、ほんとふに休足（息）をして、東海道を下た。大磯へ泊た晩に、髪をきつてなぜつけになつて江戸へ帰つた。川崎へ泊て、内へ案内をしたから大勢迎ひにきて、十二月九日に帰た。

夫から右金子を持て、孫一の方〔へ〕いつたらば、皆がでゝ神さまのよふにいつた。夫から中一日おゐて丈助を呼出して、立替金三百三十九両余不㆑残渡して、親類の書付まで取て、孫一へ渡した。

其翌日、内の祖母が死だから、いろ〱仏事にかかつた。

武州・相州の知行所のものが、「百両は上坂しても出来まい」といつたが、一同ともきもをけしおつた。孫一が親類の中にも、「五十両出来たら勤を引く」といつたやつらもあつたが、へこましてやつた。虎之助も大に悦(よろこん)だ。大川丈助は、「生界(涯)あなた様の方へ足をしては寝ません」といつたが、今に折々は機げんを聞(きき)にくる。夫から其年の暮のしまつを不レ残して、「はじめて孫一の代になつてこんな年越をした」と地主の一同が寄て馳走をしてくれた。しかしながら金を拵に、是ほどの骨を折たは、是迄壱ばんだ。丈助一件へ懸(かかつ)たものはみなみなおれを恐れた。其替りには道中内は家来四人共江戸までかごに乗て連て来たから、一同が悦だ。往復で入用が六十七、八両かゝつた。

翌年春は忌明になつたから、諸々を遊(あそん)で面白く暮した。

去年丈助一件の礼に孫市から、「丈助返金の残りは遣へ」といつたが、夫では暮の孫市が手当がなゐから壱文も貰はなかつた故、家内中が相談して木綿の反物壱反くれた。世間ではおれに百両も取れといつたが、おれが考へでとらぬ。

他行留めをくう

一〇三　夫からは遊ぶが商売でどことといふ事に、出てあるひたが、小遣にもこまるから、道具もするし、いろ〱こんたんをして居ると、頭より摂州へいつた尻が出て他行留をいゝ渡されたから、二月より九月初まで内にばかりいたが、せつなゐものだ。夫から孫一郎へはなして引籠中おれが手当を貰た。壱月に金壱両弐分と四人扶持づゝ貰た。毎日〱庭をいぢつてなぐさみにしていた。

九月になつて、友達が頭へ出歩行（であるき）の事をいつて、摂州の旅行は全く夢酔がなぐさみの事ではなゐとて、孫一郎が事を荒増（あらまし）にいゝ上げてくれたらば、「それは無二余義〔儀〕（よぎなき）一事だ。しかし関所をこしたは不埒だが、最早慎みも能（よい）から」とて免して、「他行をしろ」といゝ渡したから、久敷（ひさしく）の内とじこもつたから、諸方へ飛歩行（とびあるい）た。

茶道楽

〔一〇四〕此年、中二階を立たが、茶をはじめた故に、また〱囲ひを拵て、竹内といふ従弟のいん居といろ〱道具を買ひ集たが、欲にはほふず〔方図〕のなゐ物故、また〱金がほしくなつたから、近所はじめ前町の切り見せから一同に夫々分付て金をかりたが、三日の内に金が二十六両寄たから、いろ〱茶器のものを買て、毎日〱其事に斗りかゝつていた。夫からは金がなくなると女郎屋より借りたが、彼是と七、八十両斗り取つた。

一〇五　地主の中間部屋へいゝ付て、ごろつきを二十人斗り置て給金なしに遣た。隣町三ケ町、大じもの女郎屋、町中から五節句を家主共が持てくる故よかつた。其上に女郎屋へ上つてあばれる者は、不レ残尻を出したから、所の防ぎになつたから、長屋一むねから弐分づゝ不レ残で七両弐分づゝ、盆暮肴代にくれた。四軒からも壱年に弐両づゝよこした。是も壱年には五、六十両になつた。其上にあばれ者の茶屋をさわがす度毎に、おれにいつたから、人を出して済してやるから、其度〳〵弐分三分ヅヽ、になつたが、しまへ（い）には前町へ見せ或は商ひものを出すにも附届をしたから、なんのことはなゐ、所の旦那のよふだ。

大病・押込めにあう

一〇六　金はわく物のよふにして遣たが、其翌年二月から気分悪くなつて、大病になつたものだから、いろ〳〵療治をしたらば、八月末に少よくなつたから、押てさわゐであるひたが、とふ〳〵十二月はじめから大病になつて、からだがむくみて寝返りも出来ぬよふになつたが、あんまり大そふに威をふるつた故、頭より尻が出て、其月の廿二日に虎の門の内の保科栄次郎といふ息子が相支配へおしこめられた。

大病故にかごで来たが、漸々翌年の夏比（ごろ）に全快した。そふすると本所でおれが貸した道具も金も、四十両ばかりは出しておゐたが、なんにもみんながよこさなゐよふになつた。おれはしらなゐでふいに保科へ来たから、心当は不断なにもしないでいた故に、今はびんぼうしてこまるが、しかたがなゐとよふ〳〵あきらめた。

ひんよう師中村多仲・斎藤監物のこと

一〇七　おれがまだ隠居しなゐ年だ。本所の北割下水の能勢の妙見宮へ、神鏡を一面奇心(寄進)しよふとおもつて、構(講)中へも談じて、十二両かゝるから金を集たが、其時に妙見へ毎日参詣する中で、中村多仲といふ紀州殿の金を取扱ふ役人だといつてりつぱの侍が日参してくるから、講中が神鏡のはなしをしたらば、「夫は何寄(なにより)の事だから、わしも加入しよふ」といつて、三両の施主につゐた故、皆が悦で、「多仲様〳〵」といつたが、段々と金が寄て十二両になつたからおれに預(あずかつ)ていろといふ故、断つたらば、相談のうへ多仲へ預たら、其晩に多仲が其金を持て行衛(ゆくえ)がなくなつたから、ほふ〴〵さがしたが一向ふに手掛がなかつた。或日、其咄を竹内平右衛門へしたらば、「夫は世にいふひん用師といふ物だ」と教へてくれたから、其訳を聞たら、「其ひん用は不断はりつぱのなりでいて或は神社又は参詣の多い寺又世の中の講しやく場いろ〳〵の所へいつて、神へは信心のよふになりて、人の目に立よふにして、諸山の金の世話人のよふにして、ひと〴〵をだまして前礼の金をとつて住居を立退て、また〳〵外ではめるが一年中に商売にして居る者だ。其仲間が数十人有て、不レ残町同心并(ならびに)岡つ引へのつけ届をしているから、大丈夫の仕事だ」と教てくれた。まん一やかましくなると仲間が寄て、いろ〳〵其時のもよふによつては当人を貰ひに来るものだが、其多仲もひん用師だとて笑つた。

またひ〔ん〕よふしといふ者は、道中で薬又は品を売て、田舎者をたばかる物だ。是もひんよふの少し下のだと教た。

岡野にいる時だが、芝の山内の金をかすとて、本所でおれが知つている知行取り旗本が七、八人其金をかりたがつて、ひんよふに金を取られたが、長谷川という友達が取られて困ているから、おれが竹内から聞ていたから、其金を取た石川五老といふ男をよび付て、金を取返してやつた。

また勝田養元といふ男も、藤沢次左衛門といふ者に前礼を取られて、其男の住所がしれず困たから、居処をさがし出して、其金を引返してやつた。

また或時だが長谷川寛次郎が又〳〵斎藤監物といふ者に逢て金談をしたが、ある日斎藤が長谷川へきていろ〳〵金談をしていたが、長谷川では金がかりたいから酒を出してもてなし、はなしている内に、斎藤が銀山の銀の吹寄を見せた故に、長谷川も珍しがりて、「家内の者へ見せる」とてはゐりて内中へ見せて、元の座敷へ出て銀をばそばへおゐて、酒を呑でいたまぎれに、其銀がなくなつて監物が、「只今の品を御返し被レ下(くだされ)」といふからほふ〴〵をさがしたがなゐ故に、「何れ(いず)跡より尋出して上(あげ)よふ」とて挨拶をして、其日は斎藤が宅へ帰つたが、いくらさがしても銀がなゐから、或日又斎藤が来ていふには、「先日の御覧に入た銀は紀州の御国の銀山より始て取つたぎんだ。夫は最早紀州様の御覧にいれた品故、当分は私へ御預けになつており舛(ます)品故に、行衛がしれぬと大変になりますから」とだん〳〵とだまして、長谷川より五両、銀の代を取つたから、長谷川へは最早金談は出来ぬ、〔と〕断つた故、家内一同に困たが、又林町の今井三次郎といふ仁の金談にも懸て、紀州の高野〔山〕の金を世話をするといつて、壱両弐分とりて前広(まえびろ)より右の会所の役人へ挨拶にするとだまして、夫ぎりにしたが、今井とは馬の相弟子で不断懇意にしたが、或日今井が尋てくれていろ〳〵はなしのうちに、長谷川が監物にかたられた咄しをしたらば、今井が手前も同断のよしいふから、監物の居所を聞たらば、「浅草日恩院の地面にいる」といふから、「其金を取てやろふ」とい〔つ〕たらば、「それは如在(オ)なく同心迄かけたが取れぬ」といふ故、「受合て取てやろふ」といつて今井を帰して、二、三日過て斎藤監物の旅宿〔へ〕いつたが、夫は大そふにしていて、座敷には神前をかざりて能(熊)皮の三畳敷斗りのをすゐて、黒ちりめんの綿入羽織をきて、刀懸には金拵（こしらえ）の大小を懸て、隅の方には両掛を置て、明荷（あけに）をつみ、座敷の道具もりつぱの物ばかりならべて、自身ははんじゆの珠数をつまぐり、なにかよふ躰（だい）らしくして、小者が取次に出たから、名をいつて座敷に通た。

　監物は袴をはゐておれに出てあゐさつをしたから、初ての名乗をして、いろ〳〵信心のはなしをしてから、中村多仲がわしが所〔へ〕くるといふはなしをして、其上にて兼ておまへは多仲御仲間よしは疾より多仲より聞ていたが、とかくわしが世話（せわ）敷（しく）て尋もしないよしを尤らしくいつたらば、赤面していたが、なにか小者へさゝやゐたが、ほどなくして汲（吸）物酒肴を出して馳走したから、いゝかげんに呑で、いろ〳〵ひんよふのはなしをして、「多仲を毎度わしがつかつたがいまは妙見の一条からは行衛をしらぬ」と咄したら、「今は下総にいる」といつたから、「おまへは仕かけがりつぱだから、さぞによい仕事ができるだろふ」といつてやつたら、そこでよふ〳〵ひん用を白状して、「なんぞつかつてくれ」といつた。

　夫からつけこんで、今井の訳を咄して、金を取り返して別れて帰たが、「なにも其道より入れば、返（却）て向ふは商売人故に、隠すものではなゐ物だ」といつて、今井に金を渡したらば、厚く礼をして帰た。

夫から二、三日すると、監物からいろ〳〵土産を持たせて、おれが内へきたから、いろいろ用につかつたから、そこで世間の悪法の事を多くしつた。長谷川へも監物がことを咄して聞かせたら大きに恐(おそれ)た。
しよせん御番士顔で大きな顔ばかりしていては、世の中の〔事〕は其よふには知れぬものだ。

女難剣難

一〇八　おれが山口へいた内だが、或女にほれてこまつた事があつたが、其時におれが女房が、「其の女を貰てやろふ」といゝおるから頼だらば、「私へ暇をくれ」といふから、「夫はなぜだ」といつたら、「女の内へ私が参つて、是非とも貰ゐますが、先も武士だから、挨拶が悪るゐと私が死で、もらゐますから」といつた。
其時に短刀を女房へ渡したが、「今晩参りて急度(きつと)連てくる」といふから、おれは外へ遊びにいつたらば、南平に出先で出合た故、何事なしに咄ていたらば、南平がいふには、「勝さまは女難の相がきびしい。心当りはないか」と尋るから、右の次第をはなしたらば、「夫は能(よく)なすつた」といふから別れて、又々関川讃岐といふ易者と心(こころ)易(やすい)から通り掛に寄たら、「あなたは大変だ、上れ」といふ故、上へ通たらば、女難の事をいゝおつて、「今晩は剣難があるが、人が大勢いたむだろふ」とて、「心当りはなゐか」と尋るから、始よりの事をはなしたらば、きもをつぶして、だん〳〵深切に異(意)見をしてくれて、女房は貞実だといつて、「已来(いらい)は情を懸けてやれ」といろ〳〵いふから、考て見たらば、おれが心得違だから、夕方内へ飛で帰たら、隠居に娘をだかせて男谷へやつて、女房は書置をして内を出る処へ帰て、夫から漸々止て、何事もなかつたが、是迄度々女房にも助けられた事も有た。

夫からは不便(憫)を懸てやつたが、夫までは一日でもおれにたゝかれぬといふ事はなかつた。この四、五年、にはかに病身になつたも、其せいかもしれぬとおもふから、隠居様のよふにしておくは。

吉原での喧嘩沙汰

一九 おれが隠居する前年だが、吉原が焼て諸方へ仮宅ができた。其時、山の宿の佐野槌屋の二階で、橋場の銭座の息子熊といふ者と大げんくわをしたが、熊を二階から下へなげ出してやつたが、其時銭座の手代が二、三人来て、熊を連て帰たが、少し過ると三十人斗り長かぎで来て、佐野槌屋をとり廻(巻)ひたから、おれがはだをぬいでじゆばん壱つで、高もゝ立を取て飛び出して、たゝき合たが、三度二、三町追かへした。

其時に会所から大勢出て引分たが、夫からは山の宿でも女郎屋一同に、客を送るばゝあもかゝあも、おれが顔をしつたから、よけ〳〵しおつた故、何も間違がなかつた。

其時は、刀は二尺五寸の太刀をさしていた。山の宿中、女郎屋、三日、戸をしめた。が、事なく済だ。其外諸々にてのけんくわ幾度もあつたが、たひがひ忘れた。

浅草市で多羅尾七郎三郎と男谷忠次郎と其外五、六人でいつた時は、弐尺八寸の関の金□(ムシクイ)の刀をさしたが、是はさやの小尻に犬□□(ムシクイ)きがつけてあつた。

夫に急に七郎三郎がさそつた故、はかまをはかずにいつたから、雷門の内で込合(こみあう)故に、刀がまたぐらへはゐ〔つ〕て、あるかれなかつたが、押しやつてゆくと、侍が多羅尾のあたまをさんしよのすりこぎでぶつたから、おれが押されながら、そいつの羽織をおさへたらば、擂木(すりこぎ)で又おれの肩をぶちをつた故、刀を抜かふとしたら、小尻がつかへたから、「片はしから切り倒す」と大声上げたらば、通りの物がばつと散たから、抜打に其男のにげる処をあびせたらば、間合が遠くつて、切先で背筋を下まで切下げたから、帯がきれて大小も懐中物も不レ残おとしてにげたが、そふすると伝法院の辻番から棒を持て壱人出たから、二、三べん刀をふり廻してやつたら、往来の者が半町ばかり散たから、大小と鼻紙入をひろひて辻番の内へなげこんだ。

夫からすぐに奥山へいつた。漸々切先が壱寸余もかかつたと思た。大勢の込合場はなが刀も吉悪だとおもつた。多羅尾ははげあたま故にきづがつゐた。夫からだん〳〵けんくわをしながら、両国橋まできたが、其晩はなにも外には仕事がなゐから内へ帰つた。

生涯の回顧・反省

其外にもいろ〳〵さま〴〵の事があつたが、久しくなるから思ひ出されぬ。おれは一生の内に無法の馬鹿な事をして年月を送たけれども、いまだ天道の罪もあたらぬと見へて、何事なく四十二年かうしているが、身内にきづ壱ツも受た事がない。

其外の者は或はぶちころされ又は行衛がしらず、いろ〳〵の身になつた物が数しれぬが、おれは高運だと見へて、我儘のしたゐほどして、小高の者はおれのよふに金を遣たものもなし。いつもりきんで配下を多くつかつた。

衣類は大がひの人のきぬ唐物その外の結構の物をきて、甘ひものは食ひ次第にして、一生女郎は好に買て、十分のことをしてきたが、この比になつて、漸々人間らしくなつて、昔の事をおもふと身の毛が立よふだ。

悔悟・教訓

男たるものは決而（けつして）おれが真似（を）おばしなゐがいゝ。

孫やひこが出来たらば、よく〳〵この書物を見せて、身のいましめにするがいゝ。今は書くにも気がはづかしい。

これといふも無学にして、手跡も漸〳〵二十余になつて手前の少用が出来るよふになつて、いゝ友達もなく、悪友斗りと交た故、能事（よい）は少も気がつかぬから、此よふの法外の事を、ゑい勇〔英雄豪傑〕がふけつと思た故、みな心得違して、親類・父母・妻子までいくらのくろふを掛たかしれぬ。

肝心の旦那へは不忠至極をして、頭取様へも不断に敵対して、とふ〳〵今の如くの身のうへになつた。

幸に息子が能（よく）つて孝道してくれ、又娘が能つかへて女房がおれにそむかなゐ故に、まんぞくで、此年まで無難に過たのだ。

四十二になつて始て人輪（倫）の道かつは君父へつかへる事、諸親へむつみ又は妻子下人の仁愛の道を少ししつたら、是迄の所行がおそろしくなつた。

よく〳〵読であぢおふべし。子々孫々まであなかしこ。

于時天保十四寅〔ママ〕年初冬於鶯谷書ス

夢酔道人

解説

勝部真長

一

『夢酔独言』は徳川幕府の御家人であった勝左衛門太郎が、その四十二歳の折（天保十四〔一八四三〕年）、自ら書き綴った、一種の自叙伝ともいうべきものである。

勝左衛門太郎惟寅（享和二〔一八〇二〕年―嘉永三〔一八五〇〕年）は徳川末期の一貧乏御家人にすぎなかったが、今では「勝海舟の父」として、又この『夢酔独言』の著者として知られている。その四十九年の生涯は、ごく平凡な一旗本のいわば酔生夢死の生活であったともいえるであろう。

いな、この一巻の『夢酔独言』を書き残さなかったなら、ほかの数多くの旗本たちと同様、何らわれわれの注意をひくこともなく、忘却の波間に消え去っていたことであろう。

だが、ほとんど文盲にも等しかったこの男は、ほかの多くの旗本たちと違って、その晩年に思い立って文字を習い禿筆を呵して自らの生涯を省み書き記したのである。一巻の『夢酔独言』によって、われわれは彼の生涯のアウトラインを知ることができる。当時、江戸で有数の剣客にして不良旗本、放蕩児、いわゆる「あばれ者」、本所・下谷から浅草・吉原にかけての顔役、また同時に露店商人の親分で刀剣ブローカー、鑑定屋（めきき）、行者、祈禱師などをも経歴し、最後に水野越前守の天保の改革のときに不良旗本として隠居謹慎を仰せつけられ、自ら夢酔道人と名のっての隠居中の仕事に『夢酔独言』を書くのである。

『夢酔独言』（又は『鶯谷庵独言』）は、彼が四十二歳までの経歴を叙述し、それに自己反省の言葉を挟んで、後生子孫への戒めとしようとしたものである。これを見る人によって、懺悔録とも告白書とも自叙伝とも家訓の書とも、その他何とでも、いうことができよう。と同時にわれわれはこの書を通して、文化・文政・天保年度における江戸の旗本の生活というものの一斑を察知することができ、その時代と社会とを窺うこともできよう。かつて原勝郎博士が一巻の公卿の日記を通して、『東山時代における一紳顕の生活』をみたように。

二

現在、刊本としての『夢酔独言』は『海舟全集』（改造社版）第九巻に収められてある。しかるにこの全集版の『夢酔独言』はその校訂において不完全なものである。おそらく原本と照合したものでなく、雑誌『旧幕府』から転載したものであろう（藤井甚太郎氏談）。『旧幕府』という雑誌は、旧幕臣戸川残花らが、幕末の史料を纂集しようとして起こした雑誌で、明治三十年六月に創刊号を出し、五巻七号（明治三十四年八月）まで続いた。その中の第三巻八号（明治三十二年十月）から第四巻五号（明治三十三年五月）にわたって、『夢酔独言』は掲載され、初めて公にされたのであった。けれども『旧幕府』連載の『夢酔独言』も校訂不充分であったが、全集版はその誤りをそのまま継承しているのである。

わたくしはかねがね『夢酔独言』の原本を探索していたが、史料編纂所の桃裕行氏は弘文荘の森銑三氏を紹介して下さり、森氏の御尽力で現所蔵者の戸川浜男氏から、原本を借覧することができた。わたくしが『夢酔独言』の出版を果たしたのについては、まったく前記の方がたの御好意によるものである。

『夢酔独言』の原本は、美濃版和綴一冊、一一五丁から成り、一丁は十一行に書かれている。文章はたいてい口語体で分かり易いが、その文字、仮名遣い、当て字などはかなりわがままなもので、読みにくい。もともと子供の時から学問は嫌いで性に合わず、受けつけなかった。たとえば、

十二の年、兄きが世話をして学問をはじめたが、林大学頭の所へ連れ行きやつたが、夫より聖堂の寄宿部屋保木巳之吉と佐野郡左衛門といふきもいりの処へいつて、大学をおしへて貰つたが、学問はきらい故、毎日〱さくらの馬場へ垣根をくゞりていつて、馬ばかり乗つていた。「大学」五、六枚も覚えしや。両人より断わりし故に、うれしかつた。

といった調子であるから、文学の素養は初めからないのである。

ところが天保十二年、水野忠邦閣老となり、いわゆる天保の改革を行なった時、勝左衛門太郎は同役預けとなり、相支配保科方へ同居、押しこめということになった。四十歳の時である。もっともこの年、彼は大病を患った。外出を留められ、籠居する

ことになって、その上、病臥の状態であるから、毎日毎日読書に耽ったらしい。諸々の著述・物の本・軍談または御当家の事実といろいろ漁ったらしい。そして四十二歳、鶯谷に庵を結び鶯谷庵と名づけ、入道夢酔老などと自称するようになって、自らも筆をとり始めたのであろう。

「年八、九歳からは、外の事をすてゝ、学文して、武術に昼夜身を送り、諸々の著述本を見るべし。下手の学問よりははるか増しだから」とか、「女子は……手習ひなどもして、人並に書くことをすべし」とか、「なんにしろ学問を専要にして、よく〳〵上代のおしへに適うようにするがいい」などと自ら書きつけて、子孫のために戒告するほどの心境の変化を来たした位であるから、晩年の勉強のほどは思いやられる。

とにかく、なまじ文学の素養がなく、文飾がないだけに、かえって率直、端的な独特の文体を打ち出して、今日でいえばフランクリー・スピーキングとなって、夢酔老の個性躍如としている。そこにはあるいは、ひとり彼のみのでなく一般の徳川末期の江戸の言葉や文字の遣い方が正直に現われているのかも知れぬ。

四

『夢酔独言』のなかで自ら述べているように、勝左衛門太郎惟寅は実は男谷平蔵といった旗本の三男（妾腹）に生まれ、深川油堀の屋敷に育ち、幼名を亀松、養子にはいって小吉と名のった。男谷の家祖は、伝によれば、越後国小谷郷の出であるという。盲人で江戸に出て検校となり、金貸しをして一代に巨富を蓄えたという。江戸に十七ヶ所の地面をもち、水戸家だけでも七十万両の大名貸しをしていたという。その死に臨み諸家の貸し証文はことごとく火中に投じ、三十万両余の遺産を九人の子供に遺した。末子の平蔵は三万両余の金を貰って旗本の養子となったという。幕末の剣客として有名であった男谷下総守信友は、平蔵の長男燕斎の子である。燕斎は書家として名をなした。平蔵の三男亀松は七歳の時、勝甚三郎元良の婿養子となって、その女信子に配せられた。勝の家は三河以来の直参で、「箸にも棒にもかゝらぬ乱暴者揃い」といわれた四谷大箪笥組五十四人の中に属したという。禄高は四十一石一斗二合六勺九（その内二十二石七斗三升三合四は地方米、十八石一斗九升六合が蔵米、此俵二十二俵二斗五升六六九）の小禄であるから、正式には旗本というより、（狭義の）御家人というべきである。すなわち将軍に拝謁できるのを御目見以上といったが、御家人（知行高一万石未満の幕府の直属の臣）の中でこの御目見以上（または知行高百石以上）を旗本といい、それ以下を（狭義の）御家人といったのである。幕府の直参は俗に「旗本八万騎」などと称したが、その実数は享保七年の調べによれば、旗本五千二百五名、御家人一万七千三百九十九名であった。これらの幕臣がことごとく職にありつくわけにいくはずがなかった。だから御目見以上の旗本は原則として役付（有職）であっても、実際には非役（無職）に回されることを免れなかった。まして御目見以下の御家人においてをやである。有職の場合は、役方（文官）と番方（武官）とに分かれる。番方というのは江戸城中、要害地の守備、将軍の警備などの武事に携わる者をさすのである。番方には、大番・書院番・小姓組番・新番・小十人組の五つがあり、いずれも番頭があって、組頭及び組衆を率いてその任に従った。番衆となることを番入といい、旗本・御家人の名誉とした所であった。幼年、老年、隠居、病弱、犯過、不行跡のためにこれらの職にありつけない無職（非役）の者は、寄合組か又は小普請組に編入されて、寄合肝煎または小普請の支配に属した。旗本で三千石以上の者又は布衣（織紋なき狩衣を着しうる者）以上の職にあった者は寄合組に入れられ、それ以下の旗本、および御家人でも譜代の者は小普請組に入れられた。ここで譜代というのは、その先祖が家康より家綱までの四代の間に、留守居・与力・同心などの職にいた者の子孫をさすのである。

勝家の場合は、市郎左衛門時直の時に、天正三年岡崎で榊原小平太の手に属して同心をつとめていた実績があるから、四十一石の小禄で同心の最下級でも、なお譜代と称しえた。左衛門太郎の時は、生涯職にありつけず非役で終わった。この『独言』の中にも出てくるが、彼がどんなに役付になりたくて、番入のために、つまり就職運動のために奔走したことか。組頭の石川右近将監の所に行って頼みこみ、「今に御番入をさせてやるから辛抱をしろ」などと慰められて帰るが、一向に番入させて貰えない。おそらく彼の素行おさまらず不行跡の故であったろう。彼があまりに身持ちが収らないので、父親から申し渡されて座敷牢に入れられ、二十一歳の秋から二十四歳の冬までその檻の中で暮した。その間に長男の麟太郎が生まれた。二十四歳の冬、「いん居をして、息子（勝麟太郎）が三つになるから、家督をやりたゐ」と申し出たところ、父親の平蔵に、「夫は悪い了簡だ。是まで種々のふらちがあつたから、一度は御奉公でもして、世間の人口をもふさぎ、養家へも孝養をもして、其上にてすきにしろ」と戒められ、「尤のことだ」と初めて気がついた故、「出勤がしたい」と兄へいったら、「手前が手段で、勤道具・衣服も出来るなら、勝手にしろ。おれはいかひこと手前にはいり上たゆへ、今度は構ぬ」といわれたので、家主から金子二十両を借り受け、色々入用のものを拵えて、出勤した。「夫から毎日〳〵上下をきて、諸々の権家を頼んであるひたが、其時、頭が大久保上野介とい〻しが、赤坂喰違外だが、毎日〳〵いつて御番入をせめた。夫から以前よりいろ〳〵悪ひことをしたことを不レ残書取て、『只今は改心したから見出してくれろ』とていつたら、取扱が来て、『御支配よりおんみつをもつて世間を聞糺すから、其心得にていろ』といふから、まつていたら、頭が或ときいふにや、『配下のものはなにごともかくすが、御自分は不レ残行跡を申聞た故、処々聞合せた所が、いわれたよりは事お〻きい。しかし改心して満足だ。是非見立やるべし。精勤しろ』といふから出精して、合にはけいこをしていたが、度々書上にもなつたが、とかく心願ができぬからくやしかつた」と自ら書きつけている。役付きになること、それが心願だったのである。また、ある箇所では「親類共が毎度私をば不勤ゆへに小馬鹿に致しますが」ともいっている。

この『独言』において底流をなしている、何かモヤモヤとした不平不満の気は、ひとつは彼が勤めにありつけない事が最大原因で、それは四十一石という小禄による経済的困窮、生活難よりも彼にとって辛かったであろう。彼の息子の勝海舟も父親同様、無役の小普請に甘んじていねばならなかった。海舟が初めて役付きとなり小普請組から小十人組へ入れられたのは、安政二年、彼が三十三歳にもなって、長崎の海軍伝習所の伝習生として派遣せられた時のことである。彼が大の不平家、カンシャク持ちだったのは、親譲りのもので、自己の才能を試みる機を得られない失業状態に対する不安定と不満とに由来するのである。もっとも海舟は三十四歳にして「昨年来伝習格別骨折ニ付、別段ノ訳ヲ以テ大番へ番替被命」とあって一躍昇進し、三十七歳で「米国航海中両番上席被命」、三十八歳「天守番之頭過人、蕃書調所頭取介被命」、三十九歳「天守番之頭格、講武所砲術師範役被命」、四十歳「二ノ丸留守居格、軍艦頭取、布衣、世禄朱地ト蔵米ト合セテ百俵ニ加増、勤中五百俵高」、つづいて「軍艦奉行並被命、勤中千俵高」と累進した。かくのごとき出世は、時勢によるとはいえ、おそらく海舟の父の夢酔などの夢にもみることのできなかったところであろう。小普請――小十人――大御番（鎮台）――両御番（近衛）――布衣という職階を一気にはせ上ったわけである。海舟は三十七歳の十一月、米国へ出張（咸臨丸航海）の際、初めて将軍家茂に謁見した。御目見以上となったのである。海舟がまだ七歳の時、十二代将軍家慶の九男である初之丞、当時「西丸様」といった公子の御付、御相手役となって、大奥に勤めることになったことがある。この事を父親の夢酔は、息子の出世の緒と考えて、非常に愉しみにしていたのであるが、その後、この初之丞君は夭逝した。それで夢酔は大いに落胆しますます世事を軽んじ、乱暴や不行跡が甚しくなったといわれている。

徳川幕府の組織では、将軍から家臣に給する扶助として、地方（じかた）と蔵米とがあった。地方というのは、旗本・御家人に与えられた領地である知行所からあがる年貢である。知行高千石といえば、実際の収入は、税率を五公五民として、その半分の五百石である。しかも課役などの場合は知行高を標準として賦課されるのが例であって、実高に対してこれを表高といった。蔵米というのは、軽輩の御家人に給せられるもので、江戸浅草蔵前に収納した幕府御料の年貢米から、春・夏・冬の三度に分けて支給されるのである。蔵米には切米と扶持米とあって、切米は高何石、あるいは何百俵と数え、扶持米は何人扶持と数える。一人扶持は一日五合の計算である。これら蔵米の売却を引き受けるのが札差であるが、札差はこの蔵米を担保に旗本・御家人に金銭の前貸しをした。勝家の禄高四十一石一斗二合六勺九のうち、地方が二十二石七斗三升三合四とあり、蔵米が十八石一斗九升六合とあるが、此俵二十二俵二斗五升六六九と記されてあるのをみれば、知行所はなくて、地方取から蔵米取につとに切り換えられ、切米を取っていたものであろう。切米の本高一石に対し蔵米三斗五升（一俵）の割である。今、かりにこの勝家の世禄を、昭和四十四年の米価に換算してみるならば、米一升を平均二百五十円とみて、年俸十九万八千八百円というところである。これでは生活できるわけがない。もっとも番入をして職につけば、足高（たしだか）といって在職中はその職階に相当なだけの加俸がつく。海舟が軍艦奉行の時、「勤中千俵高」というのは、今でいえば在職中は年に八十七万五千円ずつ加俸がついたわけである。

文化・文政・天保の江戸文化の頽唐期において、江戸という大都会の消費生活の中にあっては、旗本・御家人の暮し向きというものは、おそらく今日の下級官吏の生活状況と相通うものがあったであろう。御家人が傘張・提灯作り・玩具の下請などの内職に精出すことによって、かろうじて生命をつないだというのも嘘でないであろう。まして夢酔のごとく、生涯、無職で快く働く仕事もなく、天下の遊民としてゴロゴロしていれば、退屈に身をもてあまして、無頼の徒の仲間にはいり、奢侈と放蕩に誘われて、ついに身を持ち崩したとしても、あながちに不思議ではない。そして生活費と遊興費との捻出に、苦しまぎれにさまざまの悪事をも働くが、しかしまた夢酔は、夜店の道具市に出て商人の仕事をもあえて勤めるのである。ことに刀剣のブローカーは、彼の収入の主なる道となったらしい。この『独言』には、経済的に窮迫した武士が町人化してゆき、町の遊民と化してゆく有様がよく描かれている。もっとももとを洗えば、夢酔にしても、また彼の父の平蔵にしても、金で旗本・御家人の株を買ったのであって、逆に町人が武士化したのにほかならない。旗本といい町人といっても、その間の融通はかなり自然に行なわれていたと見うけられる。

夢酔の先代に当たる甚三郎元良（信子の父）も勝家の婿養子であった。もっともこれは同じ旗本青木左京の三男で、母が勝家の家付娘だったのである。

新井白石の自伝『折たく柴の記』を読む人は、そこに描かれている白石の父なる人の剛毅な性格を印象深く看取するであろう。白石は学者であり文人であるから、かなり意識して父なる人を描写していると思われる。この『独言』では、夢酔が父の平蔵をそう意識して描いているとも思われないのであるが、しかし巧まずして描かれた平蔵の横顔はやはりきわめて印象的である。乱暴者の息子に対する父親の態度、教育の仕方というものに、やはり並々ならぬものが感ぜられる。

五

さて『夢酔独言』は、わが国の近代思想史の上で、いかなる意味をもつものであるか。以下、この点について考えてみたい。

ここで近代思想という場合、わが国の近代を、それ以前の近世と区別するもの、およびその時期はどこにあるか。おもうにそれは、封建的社会構造の動揺・崩壊の諸特徴の最も顕著になったことであり、その時期としては天保期（明治維新に先立つ約三十年）である。水野忠邦の天保の改革とその失敗とこそは、最もよく「近世から近代へ」という時代と社会との変り目の諸特徴を露わにしているとみることができよう。

この『独言』はちょうど水野が改革に失敗し「御勝手取扱の儀に付、不行届の儀有之」との理由で老中首座を罷免された天保十四年に書かれている。これを書いた夢酔は、前にも記したとおり、何ら学問の素養もなく、思想的に何学派や何者かの影響とては全く受けているともみえず、きわめて平凡な江戸の一市民、一介の隠居の無用意な感想を吐露したにすぎず、その意味では何ら先入見のない、素朴な文章にすぎないが、それだけにかえってまじり気のない正直な庶民の声がここに聞かれるのである。ここに当時の時代相、世相の一面は万華鏡のようによく映し出されている。

しかし何よりもこの『独言』で注目に値すると思われるものは、自己意識、自己批判の精神態度である。そして第二に挙ぐべきは、実験的態度であると思われる。夢酔は少年の時よりなんでも試してみる冒険的精神と実証的精神が旺盛であった。刀剣の研ぎ、鑑定、胴試し、神道の行、加持、占い、断食等々、なんでも月謝を惜しまず稽古し習熟する。すべてやってできない事はないという信念がある。以上の二点は、息子の海舟にもそっくり受け継がれている素質である。第三には、夢酔には幕末頽唐期における一種の「倦怠（アンニュイ）」の精神がある。「何もすることがないから」「したい事をして死ぬ覚悟」とか、「日本中を歩き廻って、いざとなれば切死の覚悟」とか「こわいものなし」の太ぶてしい根性がある。徳川三百年泰平な社会における旗本退屈男の、「平和から逃げだしたい」鬱屈した精神、どうにもやり場のない不平不満は、一種のニヒリズムともなり、自負（彼のことばでは高慢）の狂気ともなって爆発する。この精神態度はまさしく近代人のそれであり、現代の世相にも通うものを持っている。坂口安吾がその『青春論』で共鳴したのも、この点であったと思われる。

同じ旗本でも御番入して、「宮仕え」した連中には、とうてい窺い知ることもできない世間の裏の裏を覗いてしまった、不良旗本の夢酔のつかんだ人生知、世間知、人間把握は、ギラギラした妖気を放って読むものの心に迫ってくる。

夢酔年譜

年号	夢酔年譜	時事
享和二 一八〇二	一歳 江戸の旗本男谷平蔵三男（妾腹の子）として深川の油堀に生まれる。幼名亀松、左衛門太郎惟寅と称する。	二月 羽太正養・戸川安倫、蝦夷奉行となる。 五月 蝦夷奉行を箱館奉行と改称する。
享和三 一八〇三		六月 中沢道二没する（七十九）。 十月 蘭医前野良沢没する（八十一）。
文化元 一八〇四		二月 中井竹山没する（七十五）。 九月 露使レザノフ、長崎に来て交易を求める。 この年頼山陽『日本外史』の草稿成る。
文化二 一八〇五		三月 レザノフを諭し、去らせる。
文化三 一八〇六	五歳 凧喧嘩をして相手を負傷させ、父に打たれ疵を受ける。	九月 露人、樺太に来る。喜多川歌麿没する（五十四）。
文化四 一八〇七		三月 西蝦夷地を公収する。 四月 露人、蝦夷に来る。
文化五 一八〇八	七歳 幕臣勝甚三郎元良の養子となり小吉と称する。凧喧嘩をして敵わず、切腹を米屋に止められる。	一月 会津・仙台の兵を蝦夷地に遣わす。 四月 間宮林蔵、樺太探検に赴く。 八月 英船、長崎に侵入。長崎奉行松平康英、自刃。
文化六 一八〇九	八歳 深川より本所亀沢町に移る。喧嘩をして父より押込めにあう。	六月 桂川甫周没する（五十六）。上田秋成没する（七十六）。

文化七 一八一〇	九歳　勝家の親類、鈴木清兵衛を師として柔術を学ぶ。	九月　間宮林蔵、黒龍江地方を探検し帰る。
文化八 一八一一	十歳　深川菊川町両番を勤める一色幾次郎に、後、大久保勘次郎について馬の稽古を習う。	一月　本草家小野蘭山没する（八十二）。 二月　異国船防御を令する。 五月　英船、常陸に来る。 六月　露艦、蝦夷に来る。艦長ゴローニン捕われる。 十二月　倹約を令する。翻訳局を江戸浅草天文台中に設ける。
文化九 一八一二	十一歳　駿河台の鵜殿甚左衛門を師として、剣術を始める。	四月　松平定信、楽翁と称する。 八月　露艦、高田屋嘉兵衛を捕え去る。
文化一〇 一八一三	十二歳　兄の世話で林大学頭の所で学問を学び始める。	五月　高田屋嘉兵衛、送還される。 七月　蒲生君平没する（四十六）。 九月　ゴローニンを放還する。 十二月　尾藤二洲没する（六十七）。
文化一一 一八一四		この年、北地戍兵を撤収する。伊能忠敬の沿海実測全図成る。
文化一二 一八一五	十四歳　五月に無断で江戸を出奔。上方さして東海道を行く。閏八月帰宅。	杉田玄白等、『蘭学事始』を著わす。
文化一三 一八一六		二月　頼春水没する（七十一）。 九月　山東京伝没する（五十六）。
文化一四 一八一七	十六歳　初めて出勤し逢対を勤める。吉原へ行く。	三月　仁孝天皇即位。 四月　杉田玄白没する（八十五）。 五月　古賀精里没する（六十八）。 九月　英船、浦賀に来る。

文政元 一八一八	十七歳 刀の鑑定を学ぶ。兄と信州に行き、十一月江戸に帰る。	四月 伊能忠敬没する（七十四）。 五月 英船、浦賀に来る。 十月 司馬江漢没する（七十二）。
文政二 一八一九	十八歳 信州の兄の所へ行く。実母没する。江戸へ帰る。兄と越後蒲原郡水原の陣屋へ行く。この年身代（世帯）を持ち兄の所へ移る。	一月 水戸斉脩『大日本史紀伝』四十五冊を献ずる。
文政三 一八二〇		六月 新銀鋳造。
文政四 一八二一		九月 塙保己一没する（七十六）。
文政五 一八二二	二十一歳 再び江戸を出奔、上方さして東海道を行く。七月江戸へ帰り、父に檻に入れられる。	閏一月 式亭三馬没する（四十七）。 三月 上杉鷹山没する（七十二）。 四月 英艦、浦賀に来る。 八、九月 畿内・山陰・山陽にコレラ流行。
文政六 一八二三	二十二歳 長男出生、麟太郎義邦（海舟）と名づける。	四月 大田南畝没する（七十五）。 七月 シーボルト、出島に着任。
文政七 一八二四		五月 英船、常陸に来る。 七月 英船、薩摩半島を劫掠する。
文政八 一八二五	二十四歳 再び出勤する。外宅をして割下水天野左京の家を借りる。諸道具の売買をして内職とする。	一月 初代歌川豊国没する（五十七）。 二月 外国船打払令。 四月 太田錦城没する（六十一）。 五月 英船、陸奥沖に来る。
文政九 一八二六		三月 亀田鵬斎没する（七十五）。 シーボルト江戸参府、滞在数旬。

文政一〇 一八二七	二十六歳　六月九日、実父男谷平蔵没する。	三月　大槻玄沢没する（七十一）。 八月　菅茶山没する（八十）。 四月　高田屋嘉兵衛没する（五十九）
文政一一 一八二八		十月　天文方高橋景保、捕えられる。 十一月　酒井抱一没する（六十八）。本居春庭没する（六十六）。
文政一二 一八二九	二十八歳　行・水行・加持祈禱を試みる。刀剣の研ぎ・目利きを試み、刀剣講を催す。浅右衛門の弟子となり胴試しをする。 長男麟太郎、御殿（西丸）に召され初之丞（家慶の五男慶昌）のお付きとなる。	三月　江戸大火。 五月　松平定信没する（七十二）。 六月　近藤重蔵没する（五十九）。 十一月　初代鶴屋南北没する（七十五）。 十二月　歌川豊広没する（五十六）。
天保元 一八三〇	二十九歳　入江町岡野孫一郎相支配の地面へ移る。	閏三月　石川雅望没する（七十八）。 足立長雋、西洋産科を首唱する。
天保二 一八三一	三十歳　息子麟太郎御殿より下り家に帰る。犬に噛まれ重傷。用人の利平治没する。	八月　十返舎一九没する（六十七）。武家の日傘使用禁じる。 十二月　全国総石高調査。
天保三 一八三二		八月　鼠小僧の処刑。 九月　頼山陽没する（五十三）。
天保四 一八三三		諸国飢饉、東北地方洪水のため不作。 九月　本居大平没する（七十八）。
天保五 一八三四		二月　江戸大火。 三月　水野忠邦、老中となる。

天保六 一八三五		閏七月　狩谷棭斎没する（六十一）。 八月　田能村竹田没する（五十九）。 九月　天保銭鋳造。
天保七 一八三六		二月　江戸町会所の改革。 五月　徳川斉昭、砲台を助川に築く。 諸国飢饉、米価高騰。
天保八 一八三七		二月　大塩平八郎、大坂に乱を起こす（翌月自刃、四十五歳）。吉原大火。 四月　家斉、将軍職を家慶に譲る。 八月　米艦、薩摩に来る。
天保九 一八三八	三十七歳　春隠居、麟太郎家督相続。 七月　支配へ有髪改名を願い出る。 十月　夢酔と号する。 十一月　岡野孫一郎・大川丈助一件のため上坂。祖母没する。島田虎之助見山と相知る。	閏四月　諸大名以下に倹約を命じる（天保改革始まる）。 六月　大判改鋳。 八月　徳川斉昭、意見書を起草（翌年、幕府に出す）。 杉本斗機蔵、モリソン号について上書。
天保一〇 一八三九	三十八歳　四月　松平内記の家中松浦勘次を連れ、鹿島神宮に参詣する。	十月　江戸湯島天神で富興行を許可。 十二月　土井利位、老中となる。幕府、渡辺崋山を蟄居、高野長英を終身禁獄に処する（蛮社の獄）。
天保一一 一八四〇	三十九歳　他行留を言い渡され、二月より九月まで自宅に籠居する。茶を始め、茶道具を収集する。麟太郎、牛島弘福寺で坐禅を修める。 六月　長兄、男谷彦四郎燕斎没する。	一月　間部詮勝、老中になる。 五月　市中売薬看板に蘭字禁止。 八月　清商来て、広東における英国の行状を伝える。 十二月　谷文晁没する（七十八）。

天保十二 一八四一	四十歳　二月より八月まで病臥。十二月再び大病。同二十二日、同役預となり、相支配保科方へ同居押込められる。	五月　水野忠邦閣老、天保の改革を行なう。 十月　渡辺華山、自刃する（四十九）。
天保十三 一八四二	四十一歳　夏頃病気快癒。	七月　異国船打払令を緩和。 八月　海防を厳重にする。
天保十四 一八四三	四十二歳　鶯谷に庵を結ぶ（鶯谷庵）。初夏『平子龍先生遺事』の稿成る。初冬『夢酔独言』を書き綴り、家訓庭訓にする。随筆「卯年ひろゐかき」を綴る。	三月　香川景樹没する（七十六）。 閏九月　平田篤胤没する（六十八）。 十二月　為永春水獄死。
弘化元 一八四四	麟太郎、剣術の免許を受ける。	四月　松崎慊堂没する（七十四）。 七月　蘭使、開国を勧告する。
弘化二 一八四五	四十四歳　麟太郎（二十三）、妻を娶る。また、永井青崖（黒田藩）につき蘭学を修める。	一月　浦賀に新砲台を築造する。 二月　老中水野忠邦、罷免される。 七月　英艦、長崎に来る。
弘化三 一八四六	四十五歳　麟太郎夫婦、この春別居して赤坂田町に移る。その長女夢子生まれる。	一月　仁孝天皇没する（四十七）。 四月　仏船、琉球に来て交易を求める。 閏五月　米船、浦賀に来て交易を求める。 十月　伴信友没する（七十四）。
弘化四 一八四七		二月　幕府、相模・安房・上総沿岸の警備を命じる。 六月　オランダ人、再度幕府の外交について勧告する。 九月　慶喜、一橋家を継ぐ。

嘉永元 一八四八	四十七歳　麟太郎（二十六）、オランダ字書二部を謄写し終わる。一部を売却して、家計を助ける。	五月　米船、蝦夷に漂着する。 この年佐久間象山、洋式野戦砲を造る。 十一月　滝沢馬琴没する（八十二）。
嘉永二 一八四九	四十八歳　麟太郎の次女孝子生まれる。	四月　葛飾北斎没する（九十）。 閏四月　英艦、浦賀に来る。 五月　幕府、三奉行以下に異国船打払令復活の可否を諮問する。
嘉永三 一八五〇	四十九歳　九月四日死去、牛込赤城下清隆寺（日蓮宗）の先塋に葬られる。麟太郎（二十八）、私塾を開き蘭書を講じる。	一月　佐藤信淵没する（八十二）。 六月　オランダ人、幕府に世界の形勢を伝える。 十月　高野長英自刃する（四十七）。 この年諸国飢饉。

勝家略系譜

- 時直（市郎左衛門）
  - 時武（市郎兵衛）
    - 命雅（市郎右衛門）
      - 曹芳（安五郎）
        - ＝元良（甚三郎）
          - ＝惟寅（左衛門太郎）―信子
            - 義邦（麟太郎海舟）
      - 女（青木左京妻）

男谷家略系譜

- 初代検校（越後国小谷郷　廉操院）
  - 平蔵（旗本本所亀沢町　雲松院）
    - 男谷彦四郎燕斎（亀沢町　弘梭院）
      - ＝精一郎信友（下総守）
    - 松坂三郎右衛門久斎
      - 忠蔵
        - ⿰月毛太郎
      - 正之助
    - 勝左衛門太郎（号夢酔）
      - 麟太郎義邦（号海舟）
  - 旭斎

本書の原本は平凡社東洋文庫から一九六九年に刊行されました。

本書には、身分、身体的特徴や障害などに関して、こんにち差別的とされる表現が含まれますが、本書の書かれた時代背景や歴史的資料であることを鑑み、原本通りとしました。

勝小吉（かつ　こきち）

1802-1850。通称，左衛門太郎。諱は惟寅。勝海舟の父。本姓は男谷（おだに）。1808年，譜代の御家人であった勝家の養子となる。

勝部真長（かつべ　みたけ）

1916-2005。東京生まれ。東京帝国大学大学院修士課程修了。お茶の水女子大学名誉教授。比較思想史，倫理学，道徳教育。著書に『勝海舟』，『日本思想の分水嶺』などがある。

講談社学術文庫

定価はカバーに表示してあります。

夢酔独言（むすいどくげん）

勝小吉（かつこきち）

2015年11月10日　第1刷発行
2021年6月4日　第7刷発行

発行者　鈴木章一
発行所　株式会社講談社
東京都文京区音羽2-12-21 〒112-8001
電話　編集（03）5395-3512
販売（03）5395-4415
業務（03）5395-3615

装　幀　蟹江征治
印　刷　株式会社廣済堂
製　本　株式会社国宝社
本文データ制作　講談社デジタル製作

2015　Printed in Japan

落丁本・乱丁本は，購入書店名を明記のうえ，小社業務宛にお送りください。送料小社負担にてお取替えします。なお，この本についてのお問い合わせは「学術文庫」宛にお願いいたします。
本書のコピー，スキャン，デジタル化等の無断複製は著作権法上での例外を除き禁じられています。本書を代行業者等の第三者に依頼してスキャンやデジタル化することはたとえ個人や家庭内の利用でも著作権法違反です。Ⓡ〈日本複製権センター委託出版物〉

ISBN978-4-06-292330-9

「講談社学術文庫」の刊行に当たって

これは、学術をポケットに入れることをモットーとして生まれた文庫である。学術は少年の心を養い、成年の心を満たす。その学術がポケットにはいる形で、万人のものになることは、生涯教育をうたう現代の理想である。

こうした考え方は、学術を巨大な城のように見る世間の常識に反するかもしれない。また、一部の人たちからは、学術の権威をおとすものと非難されるかもしれない。しかし、それはいずれも学術の新しい在り方を解しないものといわざるをえない。

学術は、まず魔術への挑戦から始まった。やがて、いわゆる常識をつぎつぎに改めていった。学術の権威は、幾百年、幾千年にわたる、苦しい戦いの成果である。こうしてきずきあげられた城が、一見して近づきがたいものにうつるのは、そのためである。しかし、学術の権威を、その形の上だけで判断してはならない。その生成のあとをかえりみれば、その根は常に人々の生活の中にあった。学術が大きな力たりうるのはそのためであって、生活をはなれた学術は、どこにもない。

開かれた社会といわれる現代にとって、これはまったく自明である。生活と学術との間に、もし距離があるとすれば、何をおいてもこれを埋めねばならない。もしこの距離が形の上の迷信からきているとすれば、その迷信をうち破らねばならぬ。

学術文庫は、内外の迷信を打破し、学術のために新しい天地をひらく意図をもって生まれた。文庫という小さい形と、学術という壮大な城とが、完全に両立するためには、なおいくらかの時を必要とするであろう。しかし、学術をポケットにした社会が、人間の生活にとってより豊かな社会であることは、たしかである。そうした社会の実現のために、文庫の世界に新しいジャンルを加えることができれば幸いである。

一九七六年六月　　　　野間省一

福沢諭吉著（解説・小泉 仰）
明治十年丁丑公論・瘠我慢の説

西南戦争勃発後、逆賊扱いの西郷隆盛を弁護した「丁丑公論」、及び明治維新における勝海舟、榎本武揚の挙措と出処進退を批判した「瘠我慢の説」他を収録。諭吉の抵抗と自由独立の精神を知る上に不可欠の書。

675

金達寿著
日本古代史と朝鮮

地名・古墳など日本各地に現存する朝鮮遺跡や、記紀に見られる高句麗・百済・新羅系渡来人の足跡等を通して、密接な関係にあった日本と朝鮮の実像を探る。豊富な資料を駆使して描いた古代日朝関係史。

702

金達寿著
古代朝鮮と日本文化　神々のふるさと

高麗神社、百済神社、新羅神社など、日本各地に散在する神々は古代朝鮮と密接な関係があった。神社・神宮に関する文献や地名などを手がかりにその由来をたどり、古代朝鮮と日本との関わりを探る古代史への旅。

754

朝河貫一著（解説・由良君美）
日本の禍機

世界に孤立して国運を誤るなかれ――日露戦争後の祖国日本の動きを憂え、遠く米国からエール大学教授の朝河貫一が訴えかける。日米の迫間で日本への批判と進言を続けた朝河の熱い思いが人の心に迫る名著。

784

石村貞吉著（解説・嵐 義人）
有職故実（上）（下）

国文学、日本史学、更に文化史・風俗史研究と深い関係にある有職故実の変遷を辿った本書には官職位階・平安京及び大内裏・儀式典礼・年中行事・服飾・飲食・殿舎・調度輿車・甲冑武具・武技・遊戯等を収録。

800・801

直木孝次郎著
日本神話と古代国家

記・紀編纂の過程で、日本の神話はどのような潤色を加えられたか……。天孫降臨や三種の神宝、ヤマトタケルなどの具体例をもとに、文献学的研究により日本の神話が古代国家の歴史と形成に果たした役割を究明。

928

日本の歴史・地理

「満州国」見聞記　リットン調査団同行記
ハインリッヒ・シュネー著／金森誠也訳

満州事変勃発後、国際連盟は実情把握のため、リットン卿を団長とする調査団を派遣した。日本、中国、満州、朝鮮……。調査団の一員が、そこで見た真実の姿とは。「満州国」建国の真相にせまる貴重な証言。

1567

信長の戦争　『信長公記』に見る戦国軍事学
藤本正行著（解説・峰岸純夫）

覇王・信長は〈軍事的天才〉だったのか？　明治に作られた「墨俣一夜城」の〝史実〟。根拠のない長篠の「鉄砲三千挺・三段撃ち」。『信長公記』の精読があかす信長神話の虚像と、それを作り上げた意外な事実。

1578

古代出雲
門脇禎二著

荒神谷遺跡発掘以後の古代出雲論を総括する。一九八四年、弥生中期の遺跡荒神谷から大量の青銅器が発掘された。出雲にはどんな勢力が存在したのか。新資料や多くの論考を検討し、新しい古代出雲像を提示する。

1580

鉄から読む日本の歴史
窪田蔵郎著

考古学・民俗学・技術史が描く異色の文化史。大和朝廷権力の背景にある鉄器、農業力を飛躍的に向上させた鉄製農耕具、鋳造鍛錬技術の精華としての美術工芸品や日本刀。〈鉄〉を通して活写する、日本の二千年。

1588

海と列島の中世
網野善彦著（解説・田島佳也）

海が人を結ぶ、列島中世を探照する網野史観。海は柔かい交通路である。海村のあり方から「倭寇世界人」まで文化を結ぶ海のダイナミズムを探り、東アジアに開かれた日本列島の新鮮な姿を示す網野史学の論集。

1592

江戸お留守居役の日記　寛永期の萩藩邸
山本博文著

根廻しに裏工作。現代日本社会の原像を読む。萩藩の江戸お留守居役、福間彦右衛門の日記『公儀所日乗』。由井正雪事件や支藩との対立等、迫り来る危機を前に、藩の命運を賭けて奮闘する外交官の姿を描く好著。

1620

《講談社学術文庫　既刊より》

日本の歴史・地理

伊勢神宮
所（ところ）功（いさお）著

日本人にとって伊勢神宮とはいかなる処か。'93年は伊勢神宮の第61回の式年遷宮の年。二十年ごとの造替行事が千数百年も持続できたのはなぜか。世界にも稀な聖地といわれる神宮の歴史と日本人の英知を論述。

1068

大和朝廷　古代王権の成立
上田正昭著

大和朝廷が成立するまでを、邪馬台国を経て奈良盆地の三輪王権から河内王権への王朝交替説などで分析。葛城、蘇我や大伴、物部などの豪族と、大王家との権力争奪の実態を克明に解く。古代日本の王権確立の過程を解明した力作。

1191

幕末日本探訪記　江戸と北京
R・フォーチュン著／三宅　馨訳（解説・白幡洋三郎）

世界的プラントハンターの幕末日本探訪記。英国生まれの著名な園芸学者が幕末の長崎、江戸、北京を訪問。珍しい植物や風俗を旺盛な好奇心で紹介し、桜田門外の変や生麦事件の見聞も詳細に記した貴重な書。

1308

シュリーマン旅行記　清国・日本
H・シュリーマン著／石井和子訳

シュリーマンが見た興味尽きない幕末日本。世界的に知られるトロイア遺跡の発掘に先立つ世界旅行の途中で、日本を訪れたシュリーマン。執拗なまでの探究心と旺盛な情熱で幕末日本を活写した貴重な見聞記。

1325

東と西の語る日本の歴史
網野善彦著（解説・山折哲雄）

日本人は単一民族説にとらわれすぎていないか。日本列島の東と西に生きた人びとの生活や文化の差異が、歴史にどんな作用を及ぼしたかを根本から見直す網野史学の代表作。新たな視点で日本民族の歴史に迫る。

1343

英国外交官の見た幕末維新　リーズデイル卿回想録
A・B・ミットフォード著／長岡祥三訳

激動の時代を見たイギリス人の貴重な回想録。アーネスト・サトウと共に江戸の寺で生活をしながら、数々の事件を体験したイギリス公使館員の記録。徳川幕府崩壊の過程を見すえ、様々な要人と交った冒険の物語。

1349

《講談社学術文庫　既刊より》

海舟語録
勝　海舟著／江藤　淳・松浦　玲編

晩年の海舟が奔放自在に語った歴史的証言集。官を辞してなお、陰に陽に政治に関わった勝海舟。ざっくばらんな口調で語った政局評、人物評は、冷徹で手厳しい。海舟の慧眼と人柄を偲ばせる魅力溢れる談話集。

1677

大久保利通
佐々木　克（すぐる）監修

明治維新の立て役者、大久保の実像を語る証言集。明治四十三年十月から新聞に九十六回掲載、好評を博す。強い責任感、冷静沈着で果断な態度、巧みな交渉術など多様で豊かな人間像がゆかりの人々の肉声から蘇る。

1683

中世の非人と遊女
網野善彦著（解説・山本幸司）

専門の技能や芸能で天皇や寺社に奉仕した中世の職人の多様な姿と生命力をえがく。非人も清目を芸能とする職能民と指摘し、遊女、白拍子など遍歴し活躍した女性像を描いた網野史学の名著。

1694

日米戦争と戦後日本
五百旗頭（いおきべ）　真（まこと）著

日本の方向性はいかにして決定づけられたか。現代日本の原型は「戦後」にあるが、その大要は終戦前すでに定められていた。新生日本の針路を規定した米国の占領政策を軸に、開戦前夜から日本の自立までを追う。

1707

英国人写真家の見た明治日本　この世の楽園・日本
H・G・ポンティング著／長岡祥三訳

明治を愛した写真家の見聞録。写真百枚掲載。日本の美しい風景、精巧な工芸品、優雅な女性への愛情こもる叙述。浅間山噴火や富士登山の迫力満点の描写。スコット南極探検隊の様子を撮影した写真家の日本賛歌。

1710

関東軍　在満陸軍の独走
島田俊彦著（解説・戸部良一）

対中国政策の尖兵となった軍隊の実像に迫る。日露戦争直後から太平洋戦争終結までの四十年間、満州に駐屯した関東軍。時代を転換させた事件と多彩な人間群像を通して実証的に描き出す、その歴史と性格、実態。

1714

《講談社学術文庫　既刊より》